GIG WORK

［ギグワーク］

組織に殺されず死ぬまで
「時間」も「お金」も自由になる
ずるい働き方

長倉顕太【著】

すばる舎

本書の注意点

○世界最先端の都市であるサンフランシスコに住んでいた著者が見てきた未来の働き方であるが、間違いなく日本でも起こる変化だと思って読むこと

○ギグエコノミーはアメリカだけの話ではなく、日本でもすでに起こっていて「7日間のベビーシッターで15万」「主婦が片手間で月十数万」「会社員が週末を利用して月数十万」を稼ぐという事例が続出

○ギグワークをすれば地方でも稼げるので都会の話だと思わないこと

○本書における文体は「より伝わる」ことを意識して口語調になっているが、人によっては不快に思うかもしれないがご了承ください

まえがき

ボルチモアで会った看護師

２０１９年８月某日。オレはうだるような暑さのボルチモア（アメリカの都市。『ピンク・フラミンゴ』などで有名なオレが敬愛する映画監督ジョン・ウォーターズが映画を撮り続ける街）にいた。

用事があって名門大学の一つであるジョンズ・ホプキンス大学に向かうためにウーバーを待っていた。ウーバーについては後ほど詳しく書くが、簡単にいうと個人営業のタクシーみたいなもので、アプリで乗せたい人と乗りたい人をマッチングするサービスと思ってもらえばいい。

さっそく、マッチングした車が来て乗り込むと、「ドライバーとの会話を楽しまない」って欄にチェックしておいたにもかかわらず、オレより年齢のいったアフリカ系の女性ドライバーがやたら話しはじめた。よく聞くと、看護師をやりながらウーバーのドライバーを片手間でやり月20〜30万稼いでいるという。

「え？　まじ？」

て思ったんだよね。日本じゃ非正規雇用がどうとか、副業がどうとか騒いでるけど、これでいいじゃんって。そしていろいろ調べるうちに、日本もだんだんそうなってきていることに気づいたんだ。そもそも、よくよく考えてみると、

「オレもじゃん」

ってね。そして、**本書で話す「ギグワーカー」とか「ギグエコノミー」ってのは、実はいま世界で起きている「働き方」に関することで、オレたち日本人にとっても関係ないどころか関係大ありなんだよね**（実際、片手間でベビーシッターや家事代行をやって稼ぎ出している主婦も続出している）。ところで、あなたはどうして本書を手

にとっただろうか。
「なんか人生つまらない」とか、
「もっと楽しいことないかな」とか、
「もっと稼げる仕事ないかな」とか、

いろいろ思うところがあったんじゃないかな。そうであれば、この本はあなたの期待に応えることはできる。ただし、オレは口が悪いから、ある種の嫌悪感を抱くかもしれない。でも、でも、でも、嫌悪感というか違和感こそが人生を変えるきっかけになるということを知ってもらいたい。だから、これを書いているいまも酔っ払っているわけだ。

人生をギグれ！

いまは早朝の7時のスタバだ。北参道という渋谷区にある店だ。近くのファミマでジムビームというバーボンを買って、それをコーヒーの中に入れたまずい黒い液体をのどに流しこみながら書いている。BGMはマイルス・デイビス。ちょうど、『SO WHAT？（「なにか？」って意味か）』が流れているところだ。

オレは勝手に自分のことを「凡人のための人生戦略家」だと思っている。だから、この本にも**「どうやったら楽しく生きていけるか」「どうやったら楽しく稼げるか」「どうやったらストレスなく生きていけるか」**なんかを書いていく。

今までも数多くの成功法則とか自己啓発とか言われるジャンルの本はあった。でも、多くはインチキくさい。「ポジティブに考えよう」とか「感謝しましょう」とか、しまいには「神社に行けば成功できる」とかさ。それってもうただの神頼みでしょ。そんなんで現実なんか動くわけないだろうが。バカにすんのもいい加減にしてくれ。よく言うんだけど「合格祈願行っている暇があるなら単語の一つでも覚えろよ」ってことだ。

そこで今回、オレが提案したいのは「人生をギグれ！」ってこと。「人生をギグれ！」じゃないからな。たしかに人生なんてギャグるくらいでちょうどいい。ただ、今回はあくまでも「ギグれ！」ってこと。

ここから少し真面目な話をするけど、「ギグエコノミー」ってのがオレの住んでいるサンフランシスコなんかでは結構前に話題になってて、いまや日本でも普通のことになっている。でも、実際、このギグエコノミーの中でズル賢く生きる方法はまだ日本では書かれていない。だから、オレが今回、書くことにしたんだよね。

簡単に言えば、資本家でも労働者でもない存在が生まれたんだよ。それを「ギグワーカー」と呼んだり「ギガー」と呼んだり。この本では少しでも文字数を稼ぎたいんで前者を取ることにする。本一冊分を書くってのは結構大変だからね。

3刷の男が語る「編集者最強説」

ところで「お前だれ？」って思った人も多いだろう。一応、今までに本を4冊ほど出しているがいずれも3刷止まり。正直、売れない作家だ。だから、やけくそでこんな本を書いているのか、なんて思わないでほしい。オレなりに考えてこの本を書いているからだ。

たしかにオレは作家として三流だ。いや、それ以下か。でも、一応、元編集者として10年間で1000万部以上の本を世に出したっていうことで少し語らせてもらいたいことがある。それはオレが常日頃から唱えている「編集者最強説」についてだ。

いまって多くの現役編集者だったり、元編集者が活躍してるって思わないか。まあ、業界の人じゃないとなかなかわからないと思うが、あらゆるジャンルで活躍している人が多くいる。オレも、いくつか会社を経営していたり、東京、サンフランシスコ、ホノルルを拠点に生活していたり、まあまあよろしくやれているわけよ。インチキ自己啓発書にありがちな「好きな場所、好きな時、好きな人という自由」みたいのは手に入れているわけだ。

一応、サンフランシスコの住まいは高級ホテルのフォーシーズンズホテルのレジデンスだったり、ホノルルのコンドミニアムは最高級と名高いアラモアナショッピングセンターの上に建つ低層のやつだし。自慢したいわけじゃなく、編集者のスキルでそれくらいまではやれるよって話をしたいだけ。

じゃあ、なんでこんなことになるのか。それは簡単で「ギグエコノミー化する世界」と「コンテンツ化する世界」がどんどん進行しているからだ。わかる？　わからないだろ？　だから、この本を書いているわけだから、知りたい人は先をどんどん読み進めてほしい。

この本を読み終わるころには、「ギグエコノミー化する世界」と「コンテンツ化する世界」についてだけでなく、「どうやったらズル賢く生きることができるか」までわかるはずだ。きっと、あなたも「好きな場所、好きな時、好きな人という自由」みたいなクソみたいなもんを手に入れたいだろ？

ジャズミュージシャンのように生きろ！

そもそもなんで「ギグエコノミー」と呼ぶのか。「ギグ」とはもともとジャズミュージシャンの間で使われていた言葉で、ライブハウスなどでの単発の演奏のことを言う。

つまり、「ギグエコノミー」とは、プロジェクトごとに参加したり、空き時間を使って参加したり、さまざまな形で会社員という形でなく労働することを指すわけ。たとえば、デザイナーとしてあるプロジェクトに参加したり、空き時間を使ってウーバーのドライバーをすることも同じだ。

最初、ギグエコノミーについて知ったときに、オレの印象はまさに編集者だなと思った。いや、「編集者のことじゃん！」って感じだった。とくに、かつてのオレのような書籍編集者は出版社に所属していながらも、本ごとに著者、デザイナー、DTPオペレーター、校正者、印刷会社なんかが違っていて、まさに本単位（プロジェクト単位）で仕事するからね。

だから、どんどんギグ化し、コンテンツ化する世界においては、オレたちみたいな編集経験者が最強になるのは当然なんじゃないかな。長期的な目標を持ったり、大きな資金を回したりっていうのではなく、プロジェクト単位で仕事をこなしていくからこそ自由であり続けることができるわけだ。

まるでジャズミュージシャンがインプロビゼーション（即興）で演奏するように、そのときに最適な存在として活躍すればいい。もちろん、そこに戦略がなければ、単なる下請けとしてフリーの労働者になるだけだから、そこは気をつけたい。ということでとにかく買え！　とにかく読め！

この本では真面目に資本家でも労働者でもないギグワーカーとして、楽しく生きる術《すべ》をあますところなく書いていく。ということで、とにかく買え。買え。買え。読め。読め。読め。オレを3刷の男から救ってくれ。

ハンター・トンプソンと3億円事件

1ページ目に「本書の注意点」なるものを書かせてもらったが、なぜかっていうと「文体が汚い」とかって苦情をもらうことが多いからだ。オレはあえてこういう書き方をしてるんだけど、買ってから文句言われたくないから書いただけ。でも、こういう口調にすることでどんどん本音が書けるってのもある。

あとさ、よく「客観性」をやたら重要視するバカがいるけど、世の中は「主観」しかないってわかったほうがいいよ。映画『ラスベガスをやっつけろ』の原作者であり、オレの好きなジャーナリストでもあるハンター・S・トンプソンは、「客観性なんてない」と断言している。オレもそう思うわけよ。世の中にある情報はすべて主観。ニュースですらだ。ただ、オレはこの本ではたくさんの引用をさせてもらってるから、オレだけの主観ではないけどね。

それとこの本はオレの経験をベースに書かれている部分も大きい。3年くらい前かなあ。アメックスのクレジットカードのポイントをみたら300万ポイント以上あったわけよ。そんで調べたわけ。仕組みを。そしたら、100円で1ポイント付与されるって書いてあるじゃん。ってことは、オレは3億円以上使ったってことでしょ。

そこで、オレは思ったわけよ。「オレは何にこんな金を使ったんだろ」って。カードで買えるものだから、不動産とかは含まれてないわけだ。でも、オレは思ったんだよね。いろんなもの買いまくったり、いろんなとこ行ったり、いろんな失敗したりした結果だなと。だから、あなたに、

「安心しろ」

って言いたいね。本書にはオレの3億円分以上の経験が入っているわけだから、千数百円なんてまじでお買い得だからと。

ということで、本書は3部8章から成り立ってるんだけど、

第1部では「ギグエコノミー化する世界」をテーマに、まったく変わってしまった資本主義社会について書いていく。そこで出現した「ギグワーカー」とは何なのか。別に資本主義そのものが変わったわけではないが、ズル賢く生きる上で知っておくべきルールが変わってしまったわけで、にもかかわらずオレたちは何十年も同じ教育（洗脳？）を受けてきてしまい思考停止状態になってしまっている。まずは現状把握といったところだ。

第2部では「コンテンツ化する世界」をテーマに、「なぜ、ギグワーカーなのか？」「なぜ、編集者が活躍するのか？」を深掘りしていく。人生100年時代と言われる中で、世の中は何によって支配されているのかを知ることは「生き方／働き方」を決

める上で必要だ。ここを理解することで「他人にコントロールされない人生」を手に入れることができるようになる。

第3部では具体的な「人生戦略」について書いた。オレが多くの人を見てムカつくのがボケーと生きているように感じることだ。周りに流され、周りに合わせてって感じで、そこに独自の戦略がない。でも、それじゃあ、これだけ変化の早い時代には生き残れないんじゃないか。とくに、日本でも「貧困問題」が大きくなってきたように、戦略がなければ今すぐ貧困に陥る時代だ。オレが平均よりもやや豊かな生活ができているのは戦略を持っていたからだ。その考え方を授けよう！

ということで、さっそく第1部から読みはじめてくれ！　あとがきで会おう！

もくじ

ギグワーク

組織に殺されず
死ぬまで
「時間」も「お金」も
自由になる
ずるい働き方

第2章　いますぐ労働者なんかやめちまえ！

第2部

コンテンツ化する世界

1000万部編集者が教える！
頭の中を支配する「情報」の取り扱い方

第3章

古い世界からの解放

第4章

コンテンツ化していく個人

第5章

コンテクストがすべてを決める！

第3部 凡人のための人生戦略

好きな場所、好きな時間、
好きな人とだけ働くために

第6章 目標があるからチャンスが来ない！

第7章

人生を変えるインプット術

第8章

人生をコントロールするアウトプット術

第1部

ギグエコノミー化する世界

正社員なんかやめてしまえ！
ギグワーカーなら誰でもなれて
誰でも自由

第1章

安定を求めるから不安定

年金がもらえないなんてわかってたでしょ!

ちょうどこの原稿を書いているときに、年金2000万円問題なるものが世間を賑わせていた。簡単に言えば、金融庁が年金だけでは老後の生活は補えないから、2000万円くらい貯めておきましょうみたいな報告書を公開したって話。

政権としては選挙前にこんなこと言われたくないから、こんな報告書は受け取らないと言ってみたり、金融庁に謝罪させたり。その一方で年金返せのデモをやる人がいたり。まあ、いろいろ起きたんだけど、正直、オレにとっては何をいまさらって感じだ。

というか、それはオレだけじゃないでしょ。どう考えたって日本の年金制度が破綻していたのは誰の目にも明らかだったわけだ。

それともう一つ。それは終身雇用の崩壊だ。これも原稿を書いている少し前の話で、2019年5月にトヨタ自動車の豊田章男社長が日本自動車工業会の会長会見で「雇用を続ける企業などへのインセンティブがもう少し出てこないと、なかなか終身雇用を守っていくのは難しい局面に入ってきた」と述べた、というニュースも話題になっていた。これだってわかってたでしょ。終身雇用なんて崩壊するのは誰の目にも明らかだったはずだ。ほんと何をいまさらって感じだ。

オレはいま45歳だけど、大学生のときにはこんなことは明らかだったし、それを信じている人がいまでもいたのが不思議なくらいだ。オレが恐ろしいと思うのは、そこまで国を信じている人が多いって現実だ。

とくに日本政府がやってきたことは、「安定」という幻想をちらつかせて、オレたちを「奴隷」に仕立て上げることでしかない。国会議員なり公務員なり国を動かしている人がいるとして、そいつらが考えるのは国民のことじゃなくて、自分たちの生活に決まってるだろ。

だって、そいつらだってそれで食ってるんだから。仕事柄、国会議員に会ったりすることもあったけど、意外と個人としては良い人が多かったりするんだよ。でも、そいつらも家族がいたり、自分の生活があったりするから。

結局、国民のためのことなんか何一つ実行されないいんだよ。そんなもんは当たり前で、そう考えたら終身雇用も年金も保証されないなんてわかりきってたこと。いままでそんなもんが存在したのは彼らにとっても都合が良かっただけの話だ。

定年なんかクソくらえ！

だからこそ、オレたちは頭を切り替えなきゃいけない。終身雇用も年金も忘れて死ぬまでギグワーカーとしてよろしくやってもいいし、ある程度稼いでからリタイヤしてもいい。どちらを選ぶかは自由だけど、オレなら前者を選ぶね。

よほどの大金持ちになって社会貢献できるくらいだったらリタイヤもいいだろう。そこに生きがいだったり、充実感だったりがありそうだからね。ただ、そんなレベルまでいくにはギグワーカーには無理だ。まえがきにも書いたとおり、資本家でもなく労働者でもない生き方だから。そのレベルの大金持ちは資本家じゃないと無理。

でも、それなりの生活でのリタイヤならギグワーカーでも可能だ。自慢じゃないがオレだって今から準備すれば5年くらいでそこまでやる自信は余裕である。

ただ、オレはギグワーカーとして死ぬまで活動していくほうを選ぶけどね。何よりもギグワーカーをオレが勧める理由は、定年がないってことも大きいわけよ。だって、人間って他人に役立ってるって感じたときに一番、充実感を感じるんじゃないか。

そう考えると、仕事をしてるってのは健全な精神のためには重要なんだよ。そう思わないか。誰にも役立たずに年金だけで優雅に暮らす？　そんなもんつまんないに決まってるだろうが。

そもそも「定年」なんて概念を頭からなくせ。実際、オレの住むアメリカには定年がない。いや、ないというより違法だ。「年齢差別禁止法」というのがあり、年齢による解雇とかは違法なわけだ。だって生きるってのは食うってことで、現代社会においては食うってのは働くってことだろ。むしろ、それが健全だ。働けなくなったら、のたれ死ぬだけ。

人生はギャンブルでしかない

オレの人生に多大な影響を与えた本に阿佐田哲也著『麻雀放浪記』（KADOKAWA）があるが、その中のドサ健という登場人物の言葉にこんなのがある。

「家つき食つき保険つきの一生を人生だと思っていやがるんだろうが、その保険のおかげで、この世が手前のものか他人のものか、すべてはっきりしなくなってるんだろう。手前等にできることは長生きだけだ。糞たれて我慢して生きていくんだ。ざまあみやがれ」

最高じゃないか。よく言われることだが、そもそも人生はギャンブルに近い。近いというよりギャンブルそのものとも言える。オレはブラックジャックが好きで、ラスベガスやシンガポールなんかでもよく遊ぶわけだけど、ギャンブルからの学びは大きいといつも感じる。なぜなら、ギャンブルを大きく左右するのは運だからだ。それなりに長い人生を生きてきたならわかると思うが、人生を大きく支配するのは運だ。なにも運を良くするために何かをしろって言っているわけではなく、人生にはサイクルがありその中でどう対処するかが学べる。

オレはある意味、運は平等だと思っている。そして、平等だとするならば、結局はどこで運を使うかが重要になってくる。だから、運について学ぶということは、タイミングを読むことにつながる。

ブラックジャックであれば、どのタイミングで賭け金を上げるかが重要で、たとえ3勝7敗でも大きく賭けているときに勝てばトータルでは勝ちになる。ギャンブルでこういう発想を学べるだけでも人生では大きい。とにかく多くの人は人生の対処法を知らなすぎて、わざわざ負けるゲームをしているとしか思えない。

なぜ、運なんて抽象的な話をするかというと、人生というのは大前提として不安定であるということを認識してから戦略を練る必要があるからだ。そもそも安定なんてないという大前提を脳に叩き込め。

それでも安定を求める弱さ

とはいえ、終わっているルールをいまだに子供たちに押し付けている親や教師が多くいる。学歴などあっても中身がなければ意味がないのに、東京都内などでは受験が加熱していたりする。

もう10年以上前になるが、自分の子供を通わせていた幼稚園がたまたま「お受験」する子たちの多いところということもあり、必死に幼児教室に通わせる親たちを見て驚いたのを覚えている。

その結果、安定を求めるバカが後をたたない。オレがビビったのは、学生の就職意識や就職活動全体の動向を探る目的で毎年行われているという『マイナビ大学生就職意識調査』の２０２０年卒の結果だ。

なんと、学生が企業を選択するときに重視するポイントで「安定している会社」が

39・6%でトップとなり、2001年から19年卒の調査までトップだった「自分のやりたい仕事（職種）ができる会社」（35・7%）を初めて抜いたという。インターネットが発達し、あらゆる情報が手に入る世の中になったのに若者たちはありもしない安定を求めているわけだ。

誰がこんな社会にしたんだよって思わないか？　学生たちは情報も知識もないから、世の中の雰囲気に飲まれただけと考えれば、日本という国に蔓延する安定志向は何から生まれたのだろうか。

人生のルールが変わってきた

いまの若者は生まれたころからデフレだったというのも関係していると思っている。デフレ下では何もしないのが得策になるからだ。何もせずに預金（または現金）を抱えていれば、物価が下がっていく中で預金（または現金）の価値は勝手に上がっていく。何もしないのが得策という世界が生まれた瞬間から広がっていれば、安定を求めて保守的になってしまうのもわからなくはない。

実際、ここ最近になり、あらゆるデータが出てきており、その結果、日本だけが世界で取り残されている現状も明らかになってきている。オレは8年前からアメリカと日本の二重生活をしてきたわけだが、日本の物価の極端な安さを伝えてきた。オレは日本でも恐らくもっとも物価が高いであろう南青山や南麻布で暮らしていたわけで、それでもサンフランシスコの物価に比べれば安い。でも、多くの日本人はいまだに「日本の物価は高い」と思っている人がいたりする。

バブル経済が崩壊してから30年が経ち、多くの数字が日本の衰退を示している。ある調査によるとこの期間における名目GDPの成長率を見たときに、アメリカ4倍、イギリス5倍、韓国18倍、中国75倍なのに対して、日本は1.5倍。1997年〜2007年の民間部門の総収入を見たときに日本は主要国で唯一のマイナスで9パーセントの下落。ちなみに、アメリカは76パーセント、イギリスは87パーセント、フランスは66パーセント、ドイツは55パーセント、韓国は2.5倍に増えている。

このような数字を見ても、日本だけが取り残されている感は否めない。30年間にわたるデフレ経済の日本に対して、世界各国は成長していたわけだから当たり前と言えば当たり前だが、オレが危機感を感じるのは政府だけでなく、多くの人々が危機感を持っていないこと。

それは島国である日本にだけいる人があまりにも多くいるからだと思い、オレは『移動力』（すばる舎）という本を書いたくらいだ。日本のパスポートは世界一使えるにもかかわらず所持率が30パーセント以下という現実からも多くの日本人が世界を知らない、自分たちの国を知らない。

このような状況になっている最大の要因は、日本の社会システムが時代に合っていないのが原因だ。にもかかわらず、30年間にわたり何も手をつけずにきた結果が現れたにすぎない。より多くの人が外に目を向けて、客観的に日本を観ることができればよかったと思うが、残念ながらそうはならなかった。

時代遅れの日本の教育

社会システムが時代に合っていないわけだが、その中でも非常に問題なのが教育だろう。よく言われていることだが、画一的な学校教育を受けた人では予測不可能な時代においては生き残れない。

たしかに日本の教育システムが機能していた時代もあった。高度経済成長期の1960年代からバブル崩壊の1980年代後半まではまさにそうだった。その結果、1989年の世界の時価総額上位のほとんどを日本企業が占めていたわけだが、2019年の現在では上位に日本企業は見当たらない。

さらに恐ろしいのは、あらゆるデータが教育システムの失敗を示しているにもかかわらず、未だに変わっていないということだ。

もちろん、2020年から受験改革を実施するなど、少しずつではあるが変化の兆しは見えるが、オレは日本の学校システムそのものに問題があると思っているのであまり期待していないし、何かしらの変化が起きても、その成果が出るのはだいぶ先になるだろう。そういった意味でも、既存の教育を受けてきた人たちをどう時代に対応させるかを考えるほうが重要だ。

オレは20代のコミュニティを主宰しているが、そこで会う若者たちの大半の悩みが「やりたいことがありません」というものだ。これは仕方ないことだと思う。義務教育の過程で「言われたことを言われた通りにやること」が正しいと洗脳されてきて、いざ社会に出てみたら「自分で考えろ」とか「やりたいことで生きろ」みたいなことを言われ続ける。

直接言われなくても、自然とそういった情報が入ってくる環境が今の日本だ。オレも書籍の編集者だったわけで、「好きなことで稼ぐ」系の本がよく売れているのは目の当たりにしていた。

いわゆる自己啓発と言われるジャンルであるが、根強く売れ続けている。2018年のベストセラー年間ランキング1位になった『漫画　君たちはどう生きるか？』（吉野源三郎原作、羽賀翔一漫画、マガジンハウス）はまさに多くの人が生き方に迷っていることを証明している。

このような教育を受けてきた人の多くは「答え」や「やり方」を教えてもらわないと行動できないという特徴を持つ。「答え」だけでなく、「やり方」まで求めてしまう。そういった思考を持った人は、想定外のことに直面したときに思考停止になってしまう。

オレがよく言うのは、「キャラメルマキアートはできるのに、キャラメル入りミルクをつくらないカフェ」についてだ。これはキャラメルマキアートがメニューにあるのでキャラメルシロップもミルクもあるにもかかわらずキャラメル入りミルクを注文してもつくってくれないカフェのこと。

現実に何軒かで試したが日本のカフェではことごとく断られたが、アメリカではつくってもらえる。もちろん、価格の問題もあるだろうが価格はキャラメルマキアートと同じ分だけ払うと伝えている。

なぜこういうことになるかといえば、オレたちが「やり方」も教えてもらうという教育を受けているからだ。だから、マニュアルに書いていないことはできないし、すぐに思考停止に陥る。

「やり方」を求める人が多いというのは、ゲーム攻略本がベストセラーになることからも証明されるだろう。ゲームの「やり方」を見ながらプレイすることに何の抵抗もないどころか、それを好むわけだ。

「やり方」を求める人間を育てる教育をしていれば、予測不可能な時代に対応できるわけがない。ここ30年の日本の凋落はまさにここが原因なのではないかと思う。

議論させないから自分がない

先日もスタンフォード大学がやっているスタンフォードオンラインハイスクールの星校長と話していて気づいたんだが、「日本人は信念を持っていないな」ってこと。オレはサンフランシスコで子供を育てているわけだが、彼女とその友人たちを見ていると本当に議論が好きだ。

アメリカのカフェなんかでは、多くの人が議論かどうかはわからないが、やかましいくらいに話している。小学校低学年から自分の意見を持つことの重要性、その上で議論するという習慣がアメリカで育つと身に付くのかもしれない。

オレは議論というのは結構、人生にとって重要なんじゃないかと思っている。結局、人は他人と対峙したときにしか自分を意識できないからだ。赤ちゃんが他人と出会い初めて自分という存在を知るように、人は他人との対話から自分を確立していく。にもかかわらず、日本には議論をする文化がないために、自分がない人が多いように思える。

議論をしないから、自分の思想、自分の信念、自分の立場が確立されていかない。自分がなければ、どうやって生きていけばいいかなんて決められるわけがない。それどころか、自分がないわけだから、周りに流されていくだけの人生になってしまう。

その結果、生まれたときからデフレ、終身雇用の崩壊、年金制度の崩壊など不安を煽られて生まれ育てば、若者たちが必然的に安定を求めてしまうのもわからなくはない。しかも周りにいる大人たちの多くも代わり映えのしない人だったりだ。

アメリカから日本に帰ってきていつも感じるのは、同じような人がやたら多いなってこと。

もちろん、アメリカのようにいろんな人種がいないというのもあるかもしれないが、それ以上に「普通」という枠に多くの人がおさまってしまっている気がする。しかもその「普通」の枠はとてつもなく幅が狭い。その狭い枠に大半の大人たちがおさまっているわけだから、多くの人たちが同じように見えてしまうのも無理はない。

多くの人が「普通」の枠に入ってしまう理由も、自分がないということにつきるのではないか。自分がなければ周りに流されていくしかないから、同じような「普通」な人が周りに増えていく。

よく日本社会は「同調圧力が強い」とか「出る杭は打たれる」みたいに言われるが、自分がない人たちばかりだということでしかない。

著者との対話もない

議論がないことも問題だが、読書する人が少ないというのも問題だ。なぜなら、読書は著者との対話でもあるからだ。オレが拙著『モテる読書術』（すばる舎）の中でも書いたように、「読書は知らないことを知るためにある」と思っている。自分が知らないこと、自分と違う考えを知ることで自分を知るようになる。

ただ、ここでの問題はオレたちの多くが本を読むことができなくなってきているということ。読解力が著しく低下しているために、自分勝手に読むだけで終わってしまう。つまり、著者との対話になっていないってこと。

これも日本の教育の問題だと思う。今思い出すと、オレたちが受ける国語の授業では、小説の一部を抜粋してあるだけで全部を読ませない。こんなことで読解力なんかつくわけない。

ベストセラーになった新井紀子著の『ＡＩ vs. 教科書が読めない子どもたち』（東洋経済新報社）では、ＡＩはほとんどの大学入試を突破できるが、東大は無理だと結論を出す。

その理由は東大の入試問題が記述式で読解力を必要とするものだったからだ。だから、読解力を持つことがＡＩ時代に生き残るのにもっとも必要な能力であると結論づけるわけだが、そこで子供たちの読解力を調べた結果が散々であったと。

また、読解力がないと世界を認識できなくなるという問題も出てくる。なんだかんだ言っても世界は情報でできていると言ってもいい。そして、どんな情報もオレたちは言葉で認識することになる。当たり前だが、情報をきちんと読解しようと思えば、読解力が必要になる。読解力がないというのは、世界を形成している情報をきちんと認識できないことになる。

それはすなわち、世界を認識できないということになる。これってやばくないか。世界を認識できないってことは、ゲームで言えばルールを知らないのと同じだ。そりゃあ勝てるわけないだろ。

実際、オレの知っているいわゆる成功者と言われるような人で、読書をしてない人はいない。それなりの経営者だったりで読書しない人って皆無なんじゃないか。

「フィルターバブル」でバカになる!

どうだろうか。オレたちがどれだけ意味のないことをやらされてきたかがわかっただろうか。その最たるものが教育なわけだが、それだけではなく社会そのものがオレたちを何も考えない人間に仕立てようと圧力をかけてくる。「フィルターバブル」という言葉を知っているだろうか。高野聖玄著『フェイクウェブ』（セキュリティ集団スプラウト著、文藝春秋）によると、

「インターネット空間には、あなたを包む「フィルターバブル」が存在する。もし検索結果やＳＮＳに出てくる情報が、あなたが強く同調するものばかりだったら、それは危険な兆候かもしれない。グーグルやフェイスブックでは、利用者の動向を学習して、その好みに合わせた結果を表示させるレコメンド・アルゴリズム（推薦機能）が強く働いている。こうしたアルゴリズムは、自分の必要としている情報や、好みに合ったコンテンツを素早く見つけ出してくれるという意味において非常に便利だが、一方で見たいものばかりが表示されるという副作用を生む。これが「フィルターバブル」だ」

このように実はインターネット空間でもオレたちはどんどんバカにされている。こ

れって結局、オレたちの過去において重要だと思われる情報しか表示されないことになるでしょ？　ってことは過去の延長線上の人生にされてしまうってことでしょ？やばくない？　もうそれなりに成功してたり、よろしくやっている人ならいいけど、「人生を変えたい」なんて思っている人にとっては最悪でしょ？

さっき読書の重要性も書いたけど、読解力がないままに読めば「自分勝手に読む」だけで新しい情報が何も入ってこないのと同じで、永遠に何も得ないまま情報を消費していくことになる。

しかも、ユーチューブの動画なんかはバカをつくるだけ。そもそもユーチューブもだけど、多くの場合、運営者の収入源は広告だ。それはブログなんかでアフィリエイト収入で運営しているウェブメディアも同じで、そこでは広告収入を得ることしか考えてないヤツばかりだから、本当にロクな情報がない。しかも、フィルターバブルによってそれがどんどん強化されるわけだから、一度、「情報弱者」のレッテルを貼られたら一生抜け出せないと思ったほうがいい。

つまり、「情報弱者」として洗脳されていくわけだ。オレたちは「すでに知っているものしか認識できない」わけだから、「知識を与えない」ということでいくらでも洗脳は可能なわけだ。

選択肢を増やすだけでいい！

その結果、「やりたいことがない人」「安定を求める若者」「イライラする会社員」「精神病になる人」をつくり出しているのではないか。結局、こういう人は生きるための指針がない。特定の宗教を信じるわけでもなく、日本が成長した1960〜80年代にかけての経済成長もない時代において、多くの人が何を基準に生きればいいかわからなくなっている。

先ほども書いたように、自分の信念を形成させない教育もあり、オレたちの多くは精神的な不安定にいつもさらされている。オレのところには「やりたいことがない人」が多く来る。きっと、「やりたいことなんかなくていい」ってメッセージを繰り返し発信しているからだろう。そんな人たちにオレは、

「何を選択するかはどうでもいいから、選択肢を増やすことだけを考えろ」

と伝えるようにしている。

オレ自身も「やりたいこと」なんかないわけだけど、それなりに精神的にも経済的にも自由に生きていけてる。その理由は明確な指針を持っているからだ。それが「選択肢を増やすこと」なわけ。

すべての選択時に「それは選択肢を増やすのか？」を考える。グリーンカード（アメリカの永住権）を取ったのも住む場所の選択肢を増やすことだし、「どこでも」「いつでも」「誰とでも」仕事ができる状態にしているのも選択肢を増やすためだ。

そして、「どこでも」「いつでも」「誰とでも」仕事ができる状態を目指したら、ギグワーカーになっていたというだけ。

もし、あなたが「やりたいことがない」というなら、なおさらギグワーカーを目指すべきだ。ギグワーカーになって選択肢を増やすだけ増やせ。あくまでも何を選ぶかなんかは重要じゃない。

当たり前だが、選択肢が多ければ多いほど、人は精神的にも経済的にも豊かになれる（お金があったほうが選択肢が増えるから必然的に稼ぎに敏感になる）。

だからこそ、資本家でも労働者でもない「ギグワーカー」になってほしいと思い、この本を書いている。

この章でオレたちを取り囲む状況を詳しく書いた理由は、人生戦略を練るために必要だったからで、なにもこの世を愚痴っているわけじゃない。人生戦略を考える上で重要なのは「自分を知る」「世界を知る」「戦略を知る」ことだから、今オレたちが置かれている状況を理解するために書いている。

次章では、ここ最近起こってきた働き方の変化について書いていく。

第１章のまとめ

定年のない働き方を模索しろ！

受けてきた教育を疑え！

読書し、議論し、信念を持て！

「フィルターバブル」に気をつけろ！

選択肢を増やすことだけ考えろ！

第2章

いますぐ労働者なんかやめちまえ！

非正規雇用でいいじゃないか

この章では働き方の現状について書いていく。ここ数年で注目を浴びているのは、「正規雇用、非正規雇用の問題」だったりするわけだけど、オレはギグワーカーになれって言ってるわけだから、積極的に非正規になれって言っているに等しい。そもそも前章で書いたように安定なんてないわけで、「正規雇用が安定」なんて思っているうちはむしろ安定なんかからはほど遠くなっていく。

そもそも非正規雇用ってなんだ。簡単に言えばいわゆる正社員以外のことでパートタイム、アルバイト、契約社員、派遣社員とかを言うらしい。どれでもよくない？

なんでもよくない？　なんか世の中にはこういう働き方は悪くて、正社員が良いみたいな価値観もあったりするらしい。どうでもよくない？　オレが昔聞いて笑ったのが同じ会社内で正社員が契約社員とかに偉そうにしてるって話。正直、どっちも搾取されているのに。奴隷同士でどっちの鎖がかっこいいかを議論しているようなもん。正社員以外が悪いなら、この本なんて積極的に非正規雇用になれって言ってるわけだから、著者であるオレは頭がおかしいと思われるだろう。

でも、こんな数字もあるぜ。経済協力開発機構（ＯＥＣＤ）が公表した統計だが、残業代を含めた全労働者の収入に基づき、「１人当たりの賃金」を各国通貨ベースで算出、指数化した結果、２０１８年時点での日本人の1時間あたりの賃金は１９９７年に比べ８・２％減少していたという。これに対して、イギリスは92％増、アメリカは81％増などは軒並み増加していた。この数字だけ見てもやばくない？　これだけ日本の労働者ってなめられてんだよ。正規雇用だろうが非正規雇用だろうがなめられてるわけよ。

もちろん、オレだって政府がやっていることには頭きてるよ。やつらがやっているのは大企業経営者にとって都合の良い政策だ。散々、社員に忠誠心を誓わせるために正規雇用のありがたさみたいのを宣伝しておいて、利益を追求していかなきゃいけなくなったら非正規雇用を増やしやすくする法律をつくったり。

だいたいオレと同じかそれより下の世代のことを「就職氷河期世代」なんて呼ぶみたいなんだけど、彼らはバブル経済崩壊後に大学を卒業した人たちで、その中の労働人口約1500万人のうち約380万人が非正規雇用だというデータがある。これが多いか少ないかはわからないが、確実に中年の非正規雇用が増えているのは確かだろう。この世代は就職氷河期だったため新卒時に就職できなかったからフリーターになり、そのまま中年の非正規雇用者になっているパターンが多いらしい。

この「フリーター」なんて言葉もうまいことつけられたわけよ。ちょっと、おしゃれな生き方みたいな。あくまでも当時だけど。時代を経て今言われているのは、非正規雇用者は仕事のスキルもつきづらい、正規雇用になりづらいみたいな理由で貧困に陥る可能性が高いと。ていうか、だからなんなんだよって話だ。大企業のサラリーマンがスキル高いとは思えないし、サバイバル能力って意味では弱いでしょ。

そんなオレだってご多分にもれずに大学卒業後はフリーターだったし、独立してからの7年間もたいして変わらない。なんか世の中の論調は正規雇用が偉くて非正規雇用がダメみたいなものが多いんだけど、そもそもどっちでもいい。今のオレだって非正規雇用みたいなもんだけど、正規雇用されている人よりもはるかに収入は高いはずだ。なにも自慢したいわけでもないし、もしかしたら「お前は特別だ」という意見もあることも受け入れる。ただ、オレが言いたいのは、どっちでもいいってことだ。正規だろうが非正規だろうが。それって雇う側が勝手に決めてるわけでしょ。雇う側が正規か非正規か決めるわけだから。所詮、相手次第なんだよ。だからどうでもいいってこと。自分の人生は自分で決めればいい。それだけ。

働き方は生き方そのもの

結局、正規だとか非正規だといっても、所詮は労働者の話だ。資本家に搾取される労働者の話でしかない。だから、どっちでもいい(しつこいか)。むしろ、積極的に非正規になるくらいじゃないといけない。そんな生き方がギグワーカーなわけだけど、この本でオレが書いていくのは搾取されない非正規雇用みたいなもんだ。そのへんは後述するから楽しみにしておいてほしいわけだけど、その前になぜオレが「働き方」にこだわるかを書いていきたい。

実際、先ほど取り上げた「就職氷河期世代」は未婚率も高いという。非正規雇用だったり、正社員であっても給与が伸びないのが理由だという。当たり前だが結婚を考えたときに、相手に経済力を求めるのは普通だろう。このように結婚一つとっても働き方が生き方に影響するのは一目瞭然だ。むしろ直結している。だから、働き方と生き方を切り離すことはできないし、むしろ働き方主導で生き方を変えていくしかない。そもそも資本主義社会ではお金を稼がないと食えないからだ。

正規雇用が偉いって洗脳はオレたちを奴隷にしたいからなだけ。なんでも言うことをきく、なんでも言うとおりになる奴隷という生き方を押し付けたいんだ。オレたちが社会や学校を通して叩きこまれる基本的な生き方は、勉強して、偏差値の高い学校行って、大きな会社に入って、結婚して、子供つくって、また、子供を学校に送り出して、同じ人生を目指させるというもの。ところがこれがうまくいかなくなった。本田由紀著『軋む社会』（河出文庫）にあるように、

「高度経済成長期から一九九〇年代初頭にいたるまで、この三領域のあいだには、互いに資源を投入し合う（一見）スムーズな循環関係が成立していました。すなわち、教育を終えれば、すぐに安定的な仕事に就くことができる。仕事に就けば、順調に上昇する収入に基づいて、家族を形成し、維持し、生活を向上させてゆくことができる。そして家族は、次世代である子どもの教育に費用や意欲を注ぎ込む。そういう循環関係が、相当に多くの社会成員を巻き込むかたちで成立していました。

（中略）

しかし、九〇年代半ば以降、こうした従来の循環関係には、随所に亀裂が入りはじめてきます」

というのがここ20年間で起きたことだ。この生き方が悪いというわけじゃなく、こうして労働者の再生産を行うためにあるのが日本の教育だ。いや、奴隷の再生産だな。だから、多くの人が「やり方」まで指導されないと動けないマニュアル人間になってしまうわけだ。

とはいえ、日本だけがまったく成長がなく、どんどん世界から置いていかれている状況で、さすがにやばいと思ったのか政府主導で「働き方改革」みたいな動きもある。ただ、その中で議論されるのはワークライフバランスに代表されるような働く時間だったり、非正規と正規の雇用形態だったりの問題で本質がずれているようにしか思えない。先に述べたように、世界がどんどん変わっているわけで、雇用形態や労働時間という単純な問題ではない。あくまでも人生に対する価値観や生き方が変わっていく中で、結果的にいろんな働き方が生まれる。

たとえば、オレは拙著『移動力』（すばる舎）の中で、仕事のリモート化について多く書いた。その理由は簡単でインターネットの発達でどこにいても仕事ができるようになったからだ。いわゆる「デジタル・ノマド」と言われる彼らはダイアン・マルケイ著『ギグ・エコノミー 人生100年時代を幸せに暮らす最強の働き方』（門脇弘典訳、日経BP）によると、

「デジタル・ノマドとは、デジタル技術を駆使して自分の好きなときに好き

な場所で働き、暮らし、遊び、旅する人々のことで、通勤手段・職場・住環境・現状に囚われることなく、住みたい場所で生活している。オフィスビルやマイホームを中心に、そのあいだを往復する伝統的な生活とは正反対である。彼らは〝みんな〟が考える〝当たり前〟を気にせずに、自分が定義する成功のために暮らし、自分で決めたルールに沿って働いているのだ」

という。そして、その傾向は今後も強くなっていくだろう。実際、アドレスホッパーという生き方をしている人たちも現れてきている。彼らは住所を持たずにホテルなどを転々としながら生活しているわけで、必然的に多くの人がリモートワークをしている。「旅するように暮らそう」をコンセプトに２０１９年にスタートしたＯＹＯ ＬＩＦＥはスマートフォンひとつで物件探しから入居、退去までができ、数日間の試し住みができるサービスを日本でも提供しはじめており、今後もこのようなサービスは広まっていくだろう。

かつて読んだエンリコ・モレッティ著の『年収は「住むところ」で決まる 雇用とイノベーションの都市経済学』（安田洋祐解説、池村千秋訳、プレジデント社）には、インターネットの出現により都市がなくなるように思われたが実際はシリコンバレーのように都市部に優秀な人材が集まっていったようなことが書いてあった。結局、人は直接会うことでしかイノベーションを起こせないというのが理由だった。

たしかにこの本がアメリカで出版された2012年はそのような状況だっただろう。しかし、オレは時代は一周して、インターネット出現時に思われていたように、リモートワークが増えていくだろうと予測する。オレはまさにシリコンバレーの中心でもあるサンフランシスコに住んでいるわけで、最近感じるのは「きっと、ここから人は出ていくだろうな」ということだ。家賃は全米一高く（なんとマンハッタンより高くて1ベッドルームの平均が約50万）、治安も悪い。街中は汚く、人糞がそこらに落ちているという状況。店舗なんかの撤退も最近増えてきているので、人々の都市離れもどんどん進むのではないかと感じる。

このように時代は大きく変わっているのに、日本風の「正社員」という奴隷を再生産するような仕組みはもはや通用しないわけで、そんな働き方をしていては時代に取り残されていくだけだ。

変化した資本主義

デジタル・ノマド、ギグワーカーなど働き方／生き方が大きく変わりつつあるわけだが、そもそも資本主義そのもののルールも変わってきているんじゃないか。ここにオレたちのチャンスがあるんじゃないか。再三書いているように、従来は資本家がいて労働者がいるという図式であったが、オレも含めていまやこれに当てはまらない人も増えてきた。その理由は、事業をはじめるにあたり資本をあまり必要としなくなったことがあげられる。

たとえば、オレの場合も会社を所有しているので資本家ではあるが、その資本金は100万円程度だ。それも別に理由はなく、株式会社にするのでとりあえず100万円にしたというだけ。今の法律では資本金1円でも株式会社を設立できるわけで資本はそこまで問題にならない。実際、ユーチューバーやブロガーといった形であれば資本金どころか、1円もかけずに事業をスタートすることが可能だ。このような世の中においては、もはや資本家、労働者という対立構造すらどうでもいいとも言える。

もちろん、従来の資本家、労働者という構造で成り立つ産業も数多く存在し続けることは確かではあるが、オレはこの構造から抜け出す働き方／生き方を模索することを勧めている。

なぜなら旧来の資本主義の構造に取り込まれる限り資本家になるか、資本家に気に入られないと、豊かな人生は望めないからだ。簡単に言えば起業家としてＩＰＯ（株式公開）までやって成功するか、大企業の幹部社員になるか、キャリア官僚になるしかない。それも起業家以外は豊かになると言っても、中高年以降だ。そもそも、起業家も株主や同僚からのプレッシャーも相当きついはずで、豊かだけどなかなかストレスフルな人生になるだろう。

２０１４年末に日本語版も発売された世界的ベストセラーである『21世紀の資本』（トマ・ピケティ著、山形浩生訳、守岡桜訳、森本正史訳、みすず書房）にもあるように、財産の成長率は、労働によって得られる賃金の成長率を上回るからだ。つまり、賃金を貯めても、株とか不動産を持っている人に勝るような財産を持つことができないということ。

正直、なんでこの本が世界的なベストセラーになるのか不思議なくらい当たり前のことを言っている。だって、昔から不動産や株を持っている人のほうがお金持ちというイメージは誰しもが持っていたはずだ。おそらく、ピケティの本が売れたのは、多くの人が思っていたことを歴史的なデータに基づいて数字的に証明したからだろう。

ところがインターネットの出現も含めたテクノロジーの発達によって、資本家と労働者という枠から外れた人たちが増えてきた。前述したデジタル・ノマドやギグワーカーと言われるような人たちだ。彼らの大半はギグのように仕事をしているので、資本家でも労働者でもないと言える。

このように会社を持つか持たないかは別として、資本家でも労働者でもない存在が活躍できるようになったのが今の資本主義だ。インターネットの発達によりどこにいても仕事ができ、多くの資金を必要としないビジネスが増えてきた結果、この資本家でも労働者でもない人たちがどんどん増えていくことだろう。

もちろん、従来はフリーエージェントやインディペンデントワーカーと言われていて一部の職業では存在していたが、あらゆる職業で増加していくことになる。これがまさに本書で提唱するギグワーカーだ。

昔からあったギグエコノミー

あらためてギグワーカーを定義すると、プロジェクトごとに参加したり、空き時間を使って参加したり、などさまざまな形で、会社員という形でなく労働することを指す。「ギグ」とはもともとジャズミュージシャンの間で使われていた言葉で、ライブハウスなどでの単発の演奏のことだとすでに書いた。たとえば、ライターとしてあるプロジェクトに参加したり、看護師が空き時間を使ってウーバーのドライバーをしたりだ。

ここでギグワーカーを説明する上で重要なウーバーについて知らない方向けに説明しておく。2019年5月にIPO（株式公開）し、株価は当初の期待を下回ったものの時価総額8兆円にもなった2009年に設立されたウーバー・テクノロジーズが運営する、自動車配車ウェブサイトおよび配車アプリのことを指す。2018年の時点で売上112億ドルを超え、71カ国で展開している。彼らが提供しているサービスはいわゆる「ライドシェア」と呼ばれるもので、アプリにドライバーとして登録した人が空き時間を利用して、移動したい人を迎えに行き目的地まで届けるというもの。利用者とドライバーはウーバーのアプリ上でマッチングすることになるわけで、簡単に言えばタクシーみたいなもの。

ただし、タクシーと違うのは、ドライバーはウーバーに雇われているのではなく、あくまでも個人としてウーバーアプリに登録しているだけだということ。ウーバーのドライバーは、自分の空き時間だけ働くので、ほかの仕事を持っている者も多い。

このように、ウーバー以外でも、同じライドシェアの「リフト」、アメリカ最大の便利屋サイト「タスクラビット」、海外の優秀な人材を集める「アップワーク」などといったマッチングサイトがどんどん出てきて、ギグで仕事をする人たちが増えてきている。

一方、日本では、「ランサーズ」「クラウドワークス」というサイトがあらゆる仕事もマッチングをしており、家事代行、ベビーシッターなどをマッチングする「キッズライン」など日本でも徐々にギグワークは浸透してきている。

オレは最初、ギグワーカーについて知ったときに、まさに編集者だなと思った。まえがきにも書いたように編集者が現在活躍しているのも、こういった流れに合っていることが間違いなく関係している。

選択肢が増えるギグワーク

たしかにギグワーカーとして生きるのは、今の時代には合っている。そこまで大きく稼ぐことはないかもしれないが、時間、場所に縛られずに働けるというのは大きな魅力だろう。ただし、注意しなくてはならないのは、ギグワーカーになったとしても働き方によっては、選択肢の少ない人生になることがあるからだ。

マリオン・マクガバン著『ギグ・エコノミー襲来 新しい市場・人材・ビジネスモデル』（斉藤裕一訳、ＣＣＣメディアハウス）によると、ギグワーカーの頂点にいるのは弁護士、コンサルタント、データ・サイエンティスト、臨時の経営人材（新規部門の立ち上げなどで期間限定で独立コンサルタントを雇う）などの「専門職」で、高い専門性、重い責任、高額の報酬が特徴だ。その下が「技能労働者」で、ドライバー、修繕工事人、料理人、ウェブ開発者、編集者、ライターなどが挙げられている。一定の専門性を必要とするものの、発注者の指示に従い、責任が限定されているかわりに報酬もそこそこだ。ギグワーカーの最下層は「非熟練労働者」で、イヌの散歩人、便利屋、駐車係、食品・雑貨の宅配、配送アシスタント、レストランの接客係など、専門性を必要としない（誰でもできる）仕事で、マニュアルに従っていれば責任はなく、そのぶん報酬は最低賃金プラスアルファだ。

ただ、こうしたギグワークを組み合わせることもできるのが面白い。普段はライターの仕事をしながら、空き時間を利用してウーバーのドライバーをしたりもできる。もしオレがギグワークの最大化を考えるなら、どこでもいつでもできるライターのような仕事をクラウドソーシングでゲットし、まず京都あたりに2部屋ある賃貸住宅を借りて一つの部屋はエアービーアンドビーで旅行者に貸し、空き時間を利用してドライバーなんかをやるのもいいだろう。まあ、まだ日本ではウーバーが広まっていないから、ウーバーイーツの配達をするかも。こんな感じでいろんな働き方ができるようになったんだから、単なる労働者として生きるのはまじで人生の無駄。もっと自由に時間、場所、人も選べるようになったんだから。どんどん選択肢を拡げていこうぜ！

生殺与奪権を奪われるな！

こんな数字もある。２０１２年に安倍晋三政権になってから6年間で実質賃金は16万円減少し、非正規雇用は３００万人以上増えて非正規雇用比率は38％になっているという。しかも、大企業の役員報酬は3倍増。このことからも再三書いているように、大企業・資本家側にいく人はどんどん豊かになり、労働者は非正規雇用が増え、賃金も下がっていっているのがわかるだろう。でも、この本の読者のほとんどは大企業・資本家側にまわるのは無理なはずだ。だから、オレは資本家でも労働者でもないギグワーカーになれとしつこく書いているんだ。

ギグワーカーも非正規だから「非正規でいいじゃないか」ってのがオレの態度だか

ら、搾取されるだけでは意味がない。それはどんどん賃金が低下していく労働者でしかないからだ。

当たり前だがギグワーカーで狙うのは最上位層なわけだ。ここで人生の基本戦略で重要なことを書く。それは「下請けになってはいけない」ということだ。オレは出版社にいたわけだけど不思議に思っていたことがあった。それは多くの編集者が出版社を辞めて独立すると下請けになってしまうという現実。どんなに偉い編集長だったような人ですら、結局は出版社から仕事をもらわなきゃいけないわけだから下請けだ。これって夢がないなって思ってたから、オレは独立してから「絶対に下請けにはならない」って決めたわけだ。

なぜなら、人生戦略において下請けになるということは生殺与奪権を他人に握られることを意味するわけで、独立とは名ばかりの不安定な奴隷でしかないわけだ。どうせ奴隷なら安定くらいしたいだろ。そこでオレが考えたのが、出版社との力関係上、上位にくるベストセラー著者側の人間として仕事することにしたわけだ。本当にオレは人に恵まれているから、オレと一緒にやってくれるベストセラー著者たちが多くいたからできたが、もしそうじゃなければ独立していなかっただろう。何度も言うけど、下請けになったら人生は終わりだ。

ということで、次章ではギグワーカーの中でもどういう存在になるべきかについて書いていく。すべてがコンテンツ化されていく世界の中でどう選択肢を最大化させるべきかを書いている。オレたちは究極にコンテンツ化された世界に生きているわけだから、もう物理空間に足を引っ張られるような生き方とはおさらばだ。そうしないと、ギグワーカーとして面白おかしくできないからね。

第２章のまとめ

資本主義経済が変わった！

正規雇用、非正規雇用なんてどっちでもいい！

資本家でも労働者でもない生き方がギグワーカーだ！

下請けになるな！

ギグワークなら選択肢が増える！

第2部

コンテンツ化する世界

1000万部編集者が教える！頭の中を支配する「情報」の取り扱い方

第3章

古い世界からの解放

編集者最強説

しつこいけどオレは元編集者だ。そして、オレは現役時代から「編集者最強説」を唱えていた一人でもある。まあ、オレ以外に言ってた人はあまりいないとは思うが。これを書いているまさにこの瞬間、6年前のオレのフェイスブックの投稿が上がってきたわけだけど、こんなことが書いてある。

「オレは元編集者だ。いまでも、編集者時代に培ったスキルで食っている。スキルっていうと変だな。編集者時代の経験や体験だな。それを活かして、経営コンサルティング、出版プロデュース、著者ビジネスのプロデュース、セミナープロデュース、マーケティング全般。さらにオレの場合は、自らがセミナー講師だったりということをしてきた。すべての仕事で、広い意味でのコンテンツをあつかってるから、コンテンツマーケターだったり、プロデューサーと名乗ってる。正直、肩書きなんてなんでもいいんだが、自分がやってるビジネスを語るときに、一番わかりやすい名前にしてる程度。何が言いたいかって、「編集者は最強の職業だ」っていうことだ。誰もが情報発信ができる時代だし、誰もが情報受信できる時代。じゃあ、その情報をどう扱うかで、ビジネスや人生が大きく変わる時代になった。だから、編集者のスキルや経験ってのは、広範囲にわたって役立つわけ。そして、そんな人材はどこにもいない。だから、編集者は大チャンス。別にオレみたいになりたいってヤツは少ないだろうけど、オレは元編集者がどこまでできるか証明したいって勝手に思ってるわけ。編集者の可能性を世の中にも証明したい」

オレの言ったとおり、いまでは多くの編集者や元編集者が大活躍している。厳密には雑誌編集者で有名になっている人たちは昔からいたんだが、オレが言いたいのは書籍編集者だ。書籍編集者がいろんなジャンルで活躍しているのははじめてなんじゃないだろうか。じゃあ、どうしてこうなったのか。そこが実は本書のテーマでもあるギグワークにも関係がある。そして、ギグワーカーになるにしても下請けにならないための鍵が隠されている。

なぜ、編集者たちが活躍しはじめたのか？

今では過去の栄光であるが、オレもベストセラーを連発していた編集者だった。ただ、いま思えば運が良かっただけだけど。オレが編集者になったのは28歳のとき。2002年、ちょうどアマゾンが上陸して1年くらいのとき。出版業界もインターネットとの共生を強いられるようになりはじめた時期だった。そのおかげでオレは出版とインターネットの両方からの恩恵を受けた。いまほど出版不況と言われていなかった出版業界、これから伸びていくインターネットの両方の良いところ取りができたと思っている。簡単に言うと、オレの編集者としての実力は大したことはないが、時代が良かった。

ただ、独立して7年が経ちあらゆる事業に関わらせてもらっているが、今どうにかなっているのは編集者としての10年間があったからだと思っている。編集者として編集について語るにはもっとふさわしい人はいるし、もっと実績がある人もたくさんいる。しかし、編集者としてのスキルを思う存分活用して人生攻略に役立てたという意味ではオレほど語れる人間はいないのではないかと勝手に思っている。

出版社を退社後、オレは「凡人のための人生戦略家」という立場で、情報発信をしてきた。オレは出版社出身とは言っても、大学卒業後は大した定職にもつかず、アルバイト、アメリカ遊学をしていて、面白みもない、おまけにお金もないという生活をしていた。そんなオレが編集者になり、次々とベストセラーをつくり、今ではいくつもの事業に関わり、アメリカに移住し、サンフランシスコに住みながら自由気ままに暮らすことができている。

とはいえ、オレが「こんなオレにもできるんだから誰でもできるよ」みたいな話をすると「それは長倉さんだからできたんですよ」と言われることも多い（決してそんなことはないが）。もしオレに他の人との差があるとしたら、編集者として過ごした10年間で得たスキルと経験があったからでしかない。そこで培ったスキルと経験がオレの人生に大きな影響を及ぼしたのは間違いないからだ。

重要なポイントはインターネットの普及により、世界がコンテンツ化したことが大きいということ。

製品化からコンテンツ化する世界へ

オレが最初に出版社から独立してはじめた事業がコンサルタント業だった。そのときの肩書きを「コンテンツマーケター」にしたのを覚えている。オレが出版社時代から感じていたのは、「本ほど強力なマーケティングツールはない」ということだ。マーケティングツールと言ってしまうと本を冒涜しているように思われてしまいそうだが、あえてこの言葉を使わせてもらう。よく言われることだが、歴史上の一番のベストセラーは聖書と言われているように、聖書がキリスト教を広めるのに役立ったわけだ。つまりキリスト教ってコンテンツだ。これは15世紀に印刷技術が進化したことが最大の要因だ。

オレが独立した頃は印刷技術に代わりインターネット技術が発達し、スマホが一般化しはじめた頃だったので、コンテンツを活用したマーケティングの需要が増えると予測した。結果は、本だけでなく、電子書籍、ウェブメディアというものが世の中に広まっていき、企業がメディアを持つのが当たり前くらいになってきたので、オレの予測はある程度当たっていたわけだ。

この頃から企業の宣伝活動も大きく変わり、広告からPR、そしてコンテンツに変わっていくことになる。つまり、消費者は広告を信じなくなり、PRもお金で買えることを知るようになった。テレビ、雑誌、新聞の広告だけでなく、雑誌や新聞に載る記事までも信じなくなってきた。

オレが編集者をやっていた頃は、新聞に本の広告を出すだけで、アマゾンで1位になることはしばしばあったが、今はほとんど反響はないと言っていい。だから現在はオウンドメディアとかウェブメディアと呼ばれるサイトが力を持ってきている。ニュースを扱うもの、生き方を扱うもの、いろんなメディアがあり、それぞれの趣向に合わせた読者をつかんでいる。当たり前であるが、コンテンツの質が問われてくるようになる。

さらにオレが面白いと思ったのは、産業そのものの変化だ。本来の産業は生活のあらゆる部分の製品化によって成り立ってきた。たとえば、移動手段としての馬車が自動車に、掃除や洗濯が文字通り掃除機、洗濯機に替わることで産業が発展してきた。つまりあらゆる労働が製品化されたのが、ひと昔前の資本主義だったわけだ。

ところが今の産業界を見渡してみたときに、自動車業界、家電業界に活気がないのは誰の目にも明らかだ。そのかわりに活気があるのは、GAFA（グーグル、アップル、フェイスブック、アマゾン）に代表されるインターネットを活用している企業たちだ。彼らはインターネット上においてコンテンツを活用して巨大化しており、もはや時価総額は全産業の中でもトップクラスだ。これは明らかに製品化するビジネスよりもコンテンツ化するビジネスのほうが時代に合っているという証拠だ。

また、最近の事例で面白いのはＫｏｎＭａｒｉこと近藤麻理恵さんのアメリカでの活躍じゃないだろうか。彼女は２０１０年に日本で出版した『人生がときめく片づけの魔法』がミリオンセラーになり、その後、アメリカ版もベストセラーに。さらに、ネットフリックスで番組を持ち、大成功をしている。掃除を製品化したのが掃除機なら、コンテンツ化したのがＫｏｎＭａｒｉなわけだ。彼女は40億円以上でネットフリックスと契約したわけだから、まさにコンテンツ化がお金を生むことを証明している。

昔からコンテンツを制したものが勝ってきた！

先ほど、オレはアマゾンのおかげで編集者として成功したと書いたが、実はアマゾンだってコンテンツを切り口に巨大化した。アマゾンは２０１８年にアップルに続き、株式時価総額が1兆ドルを超えたわけで、ここまで大きくなった要因もすべてコンテンツがあったからだ。そもそも、アマゾンは最初はインターネット書店として起業しただけ。つまり、本をインターネットで売るという、今思えば誰でもできそうなビジネスだ。ここで重要なのは、本を入口にしたことだ。

ご存知のようにアマゾンは、今ではあらゆる分野に進出しており、利益の大半は本の販売ではない（むしろ本の販売は赤字のことが多い）わけだ。ただオレは、アマゾンが本を扱っていたのが大きいと思っている。それは本がコンテンツだからだ。オレは人はコンテンツがなければ生きていけない生き物と思っている。なぜなら、膨大な処理ができる脳を手に入れた人間は、常に何かを思考している。それは意識的か無意識的かは別として。

そこで重要なのは、思考する根拠となるものだ。コンピューターで言えば、ＯＳみたいなものを常に必要としていく。なぜなら、オレたちは日々、選択に迫られる。いや、毎時、いや、毎分？　いや、毎秒か。ある説によると、１日約９０００回の選択を迫られるという。そうなると、ほとんどの場合は無意識で判断していることになるが、顕在意識では常に「これは正しいのか？」という不安を抱くことになる。そこで、人は何か信じるものが欲しくなる。判断基準が欲しくなる。

その結果、あらゆるコンテンツを欲していくのだと思う。だから、常にコンテンツを欲していく特性を持つオレたちに、本を入り口にビジネスをはじめたのは一つの成功要因だったはず。常に欲しくなるというのは中毒性が強いわけだ。一度買ったらやめられなくなるということ。もはや、オレはスマホ中毒だし。昔ならテレビ中毒、今ならゲーム中毒、ユーチューブ中毒とかいろいろいるだろうが、全部コンテンツだろ。

ＧＡＦＡの連中だってみんなコンテンツをビジネスにしてるでしょ。グーグルがユーチューブを持ってるってのもそうだけど、そもそもインターネット空間そのものがコンテンツなわけで、そこの検索エンジン大手なんだし。アップルだってｉＴｕｎｅｓやアップルミュージックを通して音楽や映画や電子書籍を配信してるわけで、そもそもオレたちがｉＰｈｏｎｅやＭａｃを使うのもコンテンツに触れるためだし。フェイスブックなんてオレたちが投稿していくものがコンテンツになっているわけだし。結局、いま世界を支配しているＧＡＦＡも全部コンテンツビジネスと言えるわけよ。雑な言い方かもしれないけどね。

アマゾンがスーパーマーケット

ホールフーズというスーパーマーケットを知っているだろうか？　オーガニック食品なんかを扱う高級スーパーマーケットだ。やや高級といったところだろうが。オレが前に住んでたホノルルとか、今住んでるサンフランシスコなんかでは結構、人気店だ。日本から来る観光客も、エコバックを買ったり。ある意味、そこそこブランディングできているスーパーマーケットと言っていい。

少し前の話になるんだけど、２０１７年8月にホールフーズをアマゾンが１３７億ドルで買収した。円に変えたら1兆円以上なわけだから、まじですごい。でも、それ以上にオレがこの買収がすごいって思ったのは、アマゾンが日常生活に入ってくるってことだった。

たしかに、最初は本だけだったけど、今ではネットで何でも買えるようにはなっていた。でも、オレたちが生きていく上で欠かせない食品をリアルで売るスーパーマーケットまでも手に入れたわけだ。本というコンテンツをネットを通じて売っていたアマゾンが、リアルな人生に進出してきたということ。もちろん、本だけではなく、映画も番組もつくるし、音楽も配信するし、新聞社も買収するしでコンテンツ部分の支配には抜かりがない。

つまり、アマゾンはコンテンツによってオレたちの頭だけではなく、リアル店舗を持つことで、生きていく上で必要な食料品を扱うことで身体まで支配してきていると言ってもいい。今の時代はこうやってコンテンツが頭から入り思考を支配され、リアルな人生における行動が決まってくるわけだ。

コンテンツは趣味や知的好奇心レベルの話ではなく、リアルな人生における行動すらも支配していく。当然、アマゾンのアカウントを利用して買い物することになるわけで、オレたちの購買データはアマゾンには筒抜けだ。

さらに、アマゾンはアマゾンGOという無人コンビニの展開もはじめている。実際、サンフランシスコの店舗に行ってみたが、レジがなく、商品を持って店外に出たら勝手にアマゾンアカウントで決済が終わっているという仕組み。おそらくアマゾンはこのシステムを他の小売店にも売るつもりだろう。そうすれば小売店はレジの人件費を削減できるし、アマゾンは顧客データも手数料も手に入れるだろうから。

トランプ大統領が生まれたのはフェイスブックのおかげ？

ここまでは経済について見てきたが、実は政治もかなりやばいことになってきている。オレたちのリアルな人生における行動すらも実はコンテンツに支配されているし、それがわかりやすいのがアマゾンのホールフーズ買収だから一例として紹介したわけだが、さらに投票活動にまで影響していることも明らかになっている。

先日、行われた日本の参議院選挙でもインターネットをうまく使った党が躍進したと言われている。ある党の政見放送を見れば明らかなように、本当にアホ丸出しな党ですら議席を取ってしまうわけだ。この党はユーチューブをうまく使ったと言われているが、政治すらコンテンツが決めてしまうということだ。

そして、よく言われているのが、2016年のアメリカ大統領選だ。悪名高きトランプ大統領が誕生した選挙だ。ほんと、アメリカで移民として生きるオレにとっては、クソ大統領もいいとこなんだが、彼が誕生したのもうまくインターネットを使ったからだと言われている。とくに、この選挙では「フェイクニュース」が結果を左右したと言われている。

その中でも、フェイスブックから約8700万人の個人情報がイギリスのデータ分析会社であるケンブリッジ・アナリティカ社に渡っていたことは大きな問題になった。同社がこの個人情報を使って、大統領選に影響を与えるような情報を流していたという。先にも紹介した『フェイクウェブ』(高野聖玄著、セキュリティ集団スプラウト著、文藝春秋)によると、

「なかでもケンブリッジ・アナリティカ社のケースは大きな波紋を呼んだ。同社は米大統領戦やブレグジット(イギリスのEU離脱)を巡る国民投票の結果に影響を与えるため、数千万人分のフェイスブック利用者データを使用

していた疑惑で告発され、２０１８年5月に廃業に追い込まれた。フェイスブックなどから集められたデータは、独自のデータ分析により個人を趣味嗜好別に分類され、そのタイプに合わせて選挙を有利に導くように情報を誘導していたとされる。イタリア、ケニア、ナイジェリアなどの国においても同様の手法で選挙コンサルティングを行ってきたとみられている。

この個人データの不正利用とも言える問題は、その後、フェイスブックのマーク・ザッカーバーグCEOが、米国議会とEU議会において証言を迫られるという事態にまで発展。巨大IT企業による情報の独占や、それらのビッグデータの扱いを巡るプライバシー論争へと繋がる契機となった」

とあるように、情報操作によって、政治すらも変わることを示しているわけで、コンテンツの扱い方に長けている者ほど、この世界では優位に生きられるということを示しているのではないか。

２０１９年8月20日には、ツイッターとフェイスブックが中国政府が使っていた大量の偽アカウントを閉鎖したと公表した。これは中国政府が「逃亡犯条例」改正をきっかけにはじまった香港の抗議運動を批判する情報を流すために、積極的に宣伝工作をしていたのが原因なわけだが、ＳＮＳを使った情報操作が重要だということを示していると言える。

お金も宗教もコンテンツだ

そもそも、この世界を支配している宗教もコンテンツだ。資本主義すら宗教と言っていい。前述したように、グーテンベルグが考えた印刷技術によって、聖書が世界的なベストセラーになったわけだ。今は印刷からインターネットにメディアが変わり、そこにあらゆるコンテンツが乗っている。当たり前だが印刷による書物よりも、その伝達コストも速度も非にならない。だからこそ、知識の伝達という観点でいえば、印刷技術以上のインパクトを持っているわけだが、それと同時に書物と同じ性質を持っている。それが、いま元編集者や編集者が活躍してる原因の一つともいえる。

宗教といえば、キリスト教、イスラム教、ヒンズー教、仏教が規模が大きいわけだ。それぞれ約20億人、約11億9000万人、約8億1000万人、約3億6000万人にいると言われてるが、オレは世界最大の宗教は資本主義だと思ってる。お金を信仰する資本主義という宗教だ。オレがよくお金の話をするときに言うのは、

「お金になんか価値はない」

ってこと。だって、もし店主がお金を信じてなかったら、お金で物は買えない。オレが衝撃だったのは、ラオスに学校を建てる活動をしていて現地に行ったときだ。あるショッピングモールに現地ガイドさんに連れていってもらい、やたらと人だかりのある店があった。そしたら、そこは金（ゴールド）のショップだったわけ。そう、ラオスの人はお金を信じてないから金を買っているわけよ。

結局、お金ってのは、お金を信じている人たちがいてはじめて成り立つわけで、お金に価値があるんじゃなくて、価値があると思っている人がいるから価値があるってこと。大事だからもう一度書くけど、

「お金に価値があるんじゃなくて、価値があると思っている人がいるから価値がある」ってことなんだ。これって宗教と一緒でしょ。そして、コンテンツってそもそもそういう性質を持っているもんなんだよね。

昔からコンテンツが先

お金も宗教もってことは、昔からコンテンツが世界を支配してたってことなんだよ。それに早く気づいてほしいんだよね。オレたちは神様とか奇跡とかいろいろ意味不明なコンテンツを信じ込まされて、真実を知らないままに生きてきたわけよ。でも、昔から支配者はコンテンツが重要だってことを知ってたわけだ。よくオレが引用するジョン・レノンの『GOD』って曲の冒頭に、

God is a concept By which we measure Our pain
（神は私たちの痛みを図るコンセプトだ）

って歌詞があるんだけど、まさにその通り。さらに、オレのデビュー作『超一流の二流をめざせ！』（サンマーク出版）にも引用させてもらってるノーベル文学賞も受賞しているバートランド・ラッセルも、

「知的な意味で著名な人々の大半はキリスト教を信じていないが、大衆に対してそのことを隠している。なぜなら、彼らは自らの収入が減ることを怖れているからだ」

と言っている。結局、オレたち一般人は教えてもらえなかったわけよ。少し前に日本でも「上級国民」なんて言葉がネットを賑わしてたけど、そういうのが見えないように存在してたんだよね。

今回、ネットで「上級国民」って言葉が拡散されたのは、80歳を超えたジジイが車を暴走させて、若い母子を轢き殺したにもかかわらず、当初はジジイの名前すら公開されないという特別扱い。よくよく、調べたらそのジジイは元高級官僚だったわけよ。とくに、日本って新聞とかテレビの大手メディアと大企業と政治家たちが結託して、情報操作している国って感覚で生きたほうがいいんだよ。情報操作っていうか、教育も含めた洗脳だな。奴隷になるための教育を学校でして、奴隷としての幸せを追求させるようにメディアを使ってコントロールするわけよ。

そして、洗脳の第一歩ってのは知らせないってことなんだよ。学校教育で自分たちで考えることができない人間をつくることで、何も見せないようにしてるわけよ。オレが編集者時代に手がけたベストセラー『脳と心の洗い方』（フォレスト出版）で脳機能学者である苫米地英人博士が、

「認識の基本である「認知」の前提となる考え方を説明します。それは「我々はすでに知っているものしか認識できない」という大前提です。（中略）さらに身近なたとえ話で、男女のドライブを考えてみましょう。男の子が車好き

の場合、すれ違う車を「トヨタだ」「日産の○○だ」「フェラーリだ」「ランボルギーニだ」といったとしても、女の子は「スポーツカーが来た」「乗用車だ」というぐらいの差しかわかりません。つまり、同じ世の中を見ているにもかかわらず認識する対象に対する知識があらかじめないと、その対象を認識できないということです。（中略）「知識を与えない」というコントロールをされているのです。知識を与えなければ存在すら認識できませんから。洗脳というと「書き換え」「書き込み」のような積極的な作業をされているように思われますが、まずは知識を与えないという洗脳をされていると考えましょう。もちろん、北朝鮮がやっていることも同じ。昔の鉄のカーテンの向こうでやられていたのももちろん同じです」

と書いているように、オレたちは何も知らされてないと思ったほうがいい。結局、コンテンツを支配しているやつらがいつも上級国民となり、オレたち下級国民を支配していたということだ。「幸せ」というくだらないエサを目の前にぶら下げられてね。

情報発信という武器

わかっただろうか？　オレたちが生きている世界は、実はコンテンツによって支配されているわけで、オレたちの認知も「知っているものしか見えない」という大前提の上にあるわけよ。でも、よく考えてみてくれ。今の時代は誰もがコンテンツを発信できる時代になってない？　そうなんだよ。今までは上級国民（あえてこの言葉を使ってみる）しか、コンテンツを配信できなかった。

簡単に言えば、テレビや新聞といった大手メディアに認められた（都合の良い）やつしか情報発信はできなかった。ところが時代が変わった。インターネットが発達した。どうだい？　そのおかげでオレたち下級国民だって、コンテンツを発信できるようになったわけよ。これって、とんでもない革命なんだ。だから、オレは出版社を辞めたってのもある。だって、出版社にいなくても発信ができるようになったわけだから。電子書籍なら勝手に出せるしって思ったんだよね。

いい？　ＳＮＳだったり、ブログだったりいろいろあるでしょ。さらにユーチューブなんてやばすぎだよね。勝手にテレビ番組を放送するようなもんなんだから。しかも、オレなんて海外に住みながら、ライブ配信でコンテンツも出せる。これって、30年くらい前だったら、衛生生中継とか言ってとんでもないお金がかかってたはずだよ。それが今は全部無料。全部無料。全部無料だぜ。やばすぎでしょ。

で、この章のテーマに戻すけど、だったら編集者って最強じゃんってこと。だって、コンテンツの扱い方をわかってんだから。さらに、何が最強かっていうと、自分のコンテンツだけじゃないってこと。他人のコンテンツの扱い方も知っているわけだから、資源は無限でしょ。コンテンツを支配する人間がこの世を制するわけで、ところが凡人のオレたちもつくれるようになったわけで、だったらその扱い方に長けている編集者があらゆる分野で成功するのは当然と言えば当然なんだよね。

ということで、次章ではオレたち凡人が、オレたち下級国民がどうやってコンテンツを操って人生をうまくいかせていくかみたいなことを書いていく。もしかしたら違うこと書くかもだけど期待してくれ。いや、期待しないでくれ。

第３章のまとめ

編集者のスキルを盗め！

世界はコンテンツ化していく！

コンテンツを制した者が世界を制す！

ＳＮＳは政治を動かす！

知っているものしか認知できない！

第4章 コンテンツ化していく個人

人生がコンテンツ

ここまで読んでみて、どうだっただろうか。オレが言いたいのは結局、世の中はコンテンツが支配しているわけで、それを自由自在に操ることができればチョロイということ。そのときに、コンテンツを扱うプロである編集者の思考やスキルは役に立つんじゃないかってこと。

しかも、現代は誰もがコンテンツを気軽につくれるし、扱えるようになったわけだ。前章まで見てきたように、コンテンツを支配したやつがこの世でうまい汁を吸えたわけだから、オレたちもそっち側にまわろうじゃないか。もちろん、完全には無理だけど、おこぼれを預かろうじゃないか。

商品が製品からコンテンツに変わっていくだけでなく、オレたちの人生そのものの変化も起こしている。簡単に言えば、人生もコンテンツ化しているのだ。ご存知のように、ＳＮＳが発達し、多くの人が日々の行動、思考、気づきなんかを投稿している。それが文章だったり、画像だったり、動画だったりさまざまだ。当たり前だがこれらもコンテンツである。

このように今では、クリエイターに限らず一般の人たちでさえ、コンテンツが簡単につくれる。とくにＳＮＳなんかは毎日の行動を記述しているようなものだ。別の言い方をすれば、本人たちはただ単に人生を記述しているわけだが、それはすなわち無意識のうちに人生をコンテンツ化していることにほかならない。

実際、そのことにいち早く気づいた人たちは、ＳＮＳを通じて人生そのものを変えている。ある意味、オレもその一人だ。ただ、一方で無意識のうちに人生をコンテンツ化しているにもかかわらず、うまく使えていない人も多い。

オレは本書でＳＮＳの使い方を指導するつもりはないが、人生そのものがコンテンツになっていることをまずは理解してもらいたいと思っている。なぜなら、オレたちの人生戦略はそれが大前提になっているからだ。

情報発信か死か

とはいえ、こんな人もいるかもしれない。

「私はＳＮＳをやる気もないし、コンテンツ化にも興味ない」

と。ところが何も発信していないようでも、もしあなたがインターネットを使っているなら無意識のうちに発信しているといっていい。

たとえば、グーグルはあなたの検索している言葉を集めて、あなたに合った広告を出すようにしている。アマゾンなんかはもっとわかりやすいかもしれない。「この商品を買った人はこの商品も買っています」とか「関連商品」といった形で商品を提案するレコメンド機能があらゆるサイトにあるのは知っているはずだ。ということは、あなたはいつのまにか趣味趣向を発信していることになるわけだ。

第1章の最後でフィルターバブルの話を書いたが、その前提となるあなたのデータはあなたが無意識に提供しているものも含まれている。あなたの趣味趣向、行動パターンなんかはデータ化され、大手プラットフォームなどに蓄積されているわけだ。あなたの情報がコンテンツ化され、利用されていると言っていい。ハーバード大学の数学科を卒業後、世界最大の出会い系サイトを創業したクリスチャン・ラダーが書いた『ビッグデータの残酷な現実』（矢羽野薫訳、ダイヤモンド社）に、

「フェイスブックはあなたがM&Mのチョコレートが大好きだと知っていて、関連する広告や情報を提供する。恋人と別れてテキサスに引っ越したあなたが、元カレの写真に頻繁に登場するようになり、よりを戻したことも知っている。グーグルはあなたが新しい車を探していることを知って、あなたの心理状態に合った車を選び出す。スリルを好むタイプで、社会意識の高いタイプB（マイペースで非攻撃的）、男性、25〜34歳——そんなあなたは、スバル

のこのモデルがお気に召すでしょう。グーグルはさらに、あなたが同性愛者であることも、怒っていることも、孤独なことも、人種差別主義者であることも、癌を患う母親を心配していることも知っている。ツイッターやレディット、タンブラー、インスタグラムは、基本はSNSを運営する企業だが、前例のないほど幅広い、包括的な、重要なデータを擁する人口統計学者でもある。デジタルデータは、私たちがどのように喧嘩をして、どのように愛し、どのように年を取り、どんな人間で、どのように変わってきたかを明確に描き出す。データを見るだけでわかるのだ。人は誰にも見られていないと思うときにどのような振る舞いをするかも、データが明らかにする」

とあるように何もかも見透かされてるわけだ。結局、あなたは情報にされ、コンテンツにされてるんだから、だったら主体的に発信したほうがよくないか。それがオレからの提案だ。あなたは、インターネットをまったくやらないか、自ら主体的に発信するかのどちらかを選ぶべきだ。

でも、今の時代、インターネットをまったく活用せずに生きられるか？　それって、無理な話じゃないか？　だとしたら、あなたに残された道は情報発信をすることだ。

人生をコンテンツ化して大富豪

1年くらい前だろうか。オレが住んでるサンフランシスコで朝からとんでもない行列ができていた。本当に見たことがないくらい長いやつだ。なんだこれって思ったんだけど、なんとその行列はカイリー・コスメティックという化粧品会社のポップアップショップ目的のものだった。

カイリー・コスメティックというのは当時21歳のカイリー・ジェンナーが経営する会社だ。ほどなくして、彼女が史上最年少でビリオネア（資産10億ドル以上）になったというニュースを見た。フェイスブックの創業者であるマーク・ザッカーバーグの記録を更新するものだという。知らない人もいるかもしれないので、彼女について少し説明する。彼女はアメリカで一番有名であり、影響力を持っている家族であるカーダシアン家の娘の一人だ。

カーダシアン家は２００７年からはじまったリアリティ番組『カーダシアン家のお騒がせセレブライフ』（Keeping Up with the Kardashian）で有名な一家で両親、５人の娘、１人の息子で構成されててそれぞれインスタグラムでの影響力が絶大だ。２０１９年８月のインスタグラムのフォロワー数世界ランキングでも５人姉妹の数字は以下を見れば明らかなように圧倒的だ。

6位	キム	１４５，３１５，７４２人
7位	カイリー	１４２，４８１，４３３人
14位	ケンダル	１１４，７６０，２５７人
17位	クロエ	９６，９１７，６７８人
21位	コートニー	８０，６７７，７０５人

もちろん、かなりの人数が被っているだろうが、カーダシアン家を全部まとめれば世界1位級だろう。右記の姉妹だけでなく、キムの旦那は超有名なミュージシャンで

あり、音楽プロデューサーであるカニエ・ウェストだし、彼女たちのお父さんは60歳すぎてから「やはり女になりたかった」と言い出し女装をはじめたケイトリン・ジェンナーということで常に話題にこと欠かない。

先日もキムが『KIMONO』という名の下着ブランドを立ち上げるということで話題になった。当たり前だが、日本の着物の名前で登録商標を取ることに対する反発からなわけだが、結局は撤回したもののアメリカだけでなく日本でも大きく報じられていた。それを見て本当に話題作りがうまいなと感心したが、なぜ彼らについてオレが書いたかっていうと、まさに人生をコンテンツ化し、マネタイズしているからだ。おそらく彼らほどうまくやっている人たちはいない。

1投稿で1億円

実際、カイリーはインスタグラムに1回投稿するたびに100万ドル以上の収益が上がると言われている。人生をコンテンツ化することで、影響力をどんどんつけていった一番成功した例だろう。ここまでの話をきいて、

「これって、海外セレブの話でしょ」

「私には関係ない話」

と思ったかもしれないが、そんなことはない。人生というのは、自分の持っている影響力で決まるからだ。たとえば、あなたが会社員だとしたら、給料は上司に決められるのが普通だろう。ところが、会社にとっていなくてはならない存在になれば、自分で給料を決めることも可能だろう。オレは編集者時代に圧倒的な数字を出していたから、直談判して給料制度を変えてもらい1億円近い年収をもらった年もあったくらいだ。これはオレの社内での影響力が強かったからできた話だ。

先ほども書いたように、オレたちはインターネットに接続している限り情報発信していることになる。意識的か無意識的かは別にしてだ。だったら、影響力を持つような発信をしたほうがよくないか。だったら、意識的に情報発信していったほうがよく

ないか。それができるようになれば、自分の人生がコントロールできるようになるからだ。

結局、オレたちが日々、よくわからない不安の中で生きているのは、自分で人生をコントロールできていないからにすぎない。実際には完全に人生をコントロールすることなどできない。自然災害に見舞われることもあるだろうし、想定外な出来事に遭遇することもあるだろうから。だから、コントロールできるというよりは、「コントロールできている感」みたいのを日々感じることができるかが重要になってくる。そして、そのために必要なのが影響力であり、情報発信だと言える。

ここ数年、「インフルエンサー」なる言葉が出てきて、影響力のある人のことをこう呼ぶようになった。インフルエンスとは英語で影響なわけだから、文字通り影響力を持っている人のことを言う。実際、日本でインフルエンサーと呼ばれる人たちは、インターネットを介してコンテンツを提供することで収益を上げていることが多い。詳しくは後述するが、今はインターネットを使えばあらゆる稼ぎ方ができる時代だ。本書の目的はインフルエンサーになることではないが、上位のギグワーカーになるためには影響力が不可欠なので彼らのやっていることは参考にしたい。

リモート化で能力アップ

コンテンツの支配側（発信側）にまわることで得られるもう一つのメリットは、仕事のリモート化が可能になることだ。オレもほとんどの仕事をリモートでこなしている。実際、これを書いているのはロスアンゼルスの午前7時だ。ちょうど、前日にホノルルから移動してきたばかり。その4日前はサンフランシスコにいたし、3日後にはパロアルト（スタンフォード大学などがある街）に向かう。こんな感じでどこにいても関係ないという生き方が可能だ。

「オレって自由でいいでしょ？」みたいなことを言いたいわけじゃなく、リモート化が人生戦略上でもっとも重要な選択肢を拡げることになるからだ。そんな中でどこにいてもお金を稼ぐことができるというのは、人生において武器になる。

拙著『移動力』にも書いたが、そもそもオレたちは狩猟民族だったわけだ。だから、本来は定住に向いていないし、定住することで能力が低下してきた。そして、定住することで領土という概念が生まれ、人類は戦争をいまだに続けている。人間は環境適応能力も備えていたということもあり、生まれた場所で踏ん張るのが当たり前という時代がしばらくあったわけだが、インターネットや移動手段の発達により移動が簡単になった。

移動することでオレたちが本来持っていた能力を発揮できるようになった。とはいえ、まだまだ定住している人のほうが圧倒的多数なわけで、移動しまくることでそのほか大勢に差をつけることが可能だ。よく考えればわかると思うが、多くの人が定住していて能力を発揮できない中で、あなたは移動しまくることで能力を開花させるわけだから。仮に能力が同じだったとしたら、移動しまくったほうが人生戦略上も有利になる。

そもそもオレは、

移動力＝環境を切り替える力

と定義している。なぜなら、行動を決めるのは環境だからだ。オレたちの行動にいたるまでのメカニズムは、

環境→感情→行動

だ。だから行動を変えようと思えば環境を変える必要がある。ところが、多くの人が感情から変えようとするから「なかなかモチベーションが上がらない」みたいな悩みを持つようになる。

同じ環境にいながら感情を変えることはできないわけで、にもかかわらず多くの人は行動できないのを「ヤル気」のような感情のせいにしてしまう。もちろん、一時的に気分が乗って行動できることはありかもしれないが、環境が変わっていない限り長続きはしない。よく自己啓発書を読んだり、モチベーション系のセミナーに出たりした直後はヤル気が出るが、そのあと続かないのは環境を変えてないからに他ならない。

このようにコンテンツを軸に稼げるようになると、仕事のリモート化が可能になりその結果、行動力アップにもつながっていくのだ。

コンテンツは利益率が高い

コンテンツを扱う側にまわるメリットはリモート化の恩恵に授かれるだけではない。下品な言い方をするとコンテンツは稼げる。ギグワーカーになるにしても、下請け的な生き方を避けるべきだというのは前述した通りだ。たしかに最初はそうなるかもしれないが、それでもそこから抜け出すタイミングが早ければ早いほどいい。

どうしても誰でもできるギグワークは労働集約型になりがちだ。つまり、時間の切り売り、時給換算になりがちだ。これだけをひたすらやっても、1日24時間という限界がきてしまうし、1日12時間労働を週7日やれば稼げるかもしれないがそれでは奴隷となんら変わりない。それではギグワーカーになる意味は何にもないので、自分の労働がなくても収益が上がるモデルを考えたほうがいい。

そもそもオレが言うコンテンツとはデジタルコンテンツのことを指す。デジタルデータ化されたコンテンツのことだ。簡単に言えば「インターネットで配信できるもの」という意味だと考えてほしい。なぜ、オレが勧めるかというと「限界費用ゼロ」だからだ。

限界費用とは「生産量を小さく一単位だけ増加させたとき、総費用がどれだけ増加するかを考えたときの、その増加分を指す」とウィキペディアにもあるように、たとえば紙の本であれば1冊生産する費用が決まっている。規模のメリットがあるので正確ではないが、1冊作るのにコンテンツ制作費（紙代、印刷代、原稿料など）以外に100円かかるとした場合、1万冊なら100万円かかる。

ところが、デジタルコンテンツである電子書籍にした場合はコンテンツ制作費以外に1冊売れようが1万冊売れようがコストは変わらない。わかるだろうか。電子書籍は限界費用が限りなくゼロに近いので売れれば売れるほど、利益がどんどん大きくなっていくのだ。

よく考えてみてほしい。本書でも登場しているGAFAと呼ばれる4社はまさに限界費用ゼロビジネスをうまく活用している。もっといえば、それくらい利益率が高いビジネスを展開しているからあそこまで大きくなってきたとも言える。

グーグル、フェイスブックが限界費用ゼロなのはわかりやすいだろうが、アップルだって iＴｕｎｅｓを通じたコンテンツビジネスを展開、アマゾンにいたっては電子書籍はわかりやすいが実は彼らが圧倒的な利益を上げているのはクラウドコンピューティングサービスだ。ＡＷＳ（アマゾンウェブサービス）という名の事業は業界で圧倒的1位を誇っており、アマゾンのドル箱とも言われている。

２０１９年8月23日にこのサービスで障害が起きた結果、ユニクロをはじめとする大手ＥＣサイトやスマホ決済のＰａｙＰａｙやスマホゲームのいくつかもサービスが閲覧できない状態になったりした。それほど、多くの企業がＡＷＳを利用している証拠だ。

日本語コンテンツはバブルが続く

オレがたまたま大企業の話を例に挙げたから、

「限界費用ゼロっていうけど、一般人も恩恵に授かれるの？」

と思ったかもしれないが心配はいらない。あくまでも世界のトレンドの話として大企業も実はそこで儲けているという例で出しただけだ。むしろ個人のほうが有利だったりする。なにせ、限界費用ゼロどころか参入費用だってゼロみたいなものだからだ。

たとえば、あなたがユーチューブに動画をあげるのは無料だ。スマホで撮ってあげるだけ。もしたまたまバズれば、広告収入が入ってくることになる。ユーチューバーやブロガーと呼ばれる人たちもコンテンツビジネスをやっていることになる。コンテンツそのものを販売している場合もあるし、ユーチューバーやブロガーのように広告収入（主にアフィリエイト収入）を得る場合もある。ユーチューバーやブロガーの場合、主な収益源は売上か広告収入ということになっている。

実際、彼らの中には年収数億円レベルは何人もいる。海外まで広げると数十億円を稼ぐ人もいる。たとえば、ユーチューバーのＨＩＫＡＫＩＮ（ヒカキン）さんは年収５億円とも言われているし、日本で最大のオンラインサロン『西野亮廣エンタメ研究所』はタレントの西野亮廣さんが主催しており、月額１０００円の会費で２９０００人の会員がいる。単純に計算しても月２９００万円の収入になっている。「彼らは有名人だからでしょ」なんて思う人も多そうだが、ＨＩＫＡＫＩＮさんはもともと有名人でなかったし、多くのユーチューバーやブロガーは有名でもなんでもない。月収100万円レベルであれば、まったく誰にも知られなくても大丈夫。だから、誰でもできるというのも断言できる。

さらにオレたちに有利な条件がある。それは日本語ができるということだ。これを読んでる人で日本語ができないという人はいないはずだ。オレたち日本人は驚異的に英語ができないが日本語ができる。そしてこの「驚異的に英語ができない」がゆえに、日本語のコンテンツ市場はガラパゴス化していると言っていい。もし、オレたち日本人の大半が英語ができるなら多くの人は海外サイトのサービスを受けるだろう。

最近、面白いなと思うのはBUYMAという海外バイヤーサイトがあるが、いまだに使う人がいるということだ。最近だとほとんどの海外サイトが日本への海外発送をやっているにもかかわらず、それより高い金額を出してBUYMAを通じて買っている人がいるわけだ。

オレが大好きなカリフォルニアのブランドであるジェームス・パースだって日本に発送しくれるし。コンテンツに限って言えばオレがよく例に出すのが『ハリー・ポッター』だが、日本人の大半が英語ができれば日本語版は売れなかっただろう。ところが、日本人の大半が英語ができないために、日本語版の翻訳者、出版社はものすごい金額を稼ぎ続けている。

今後、日本の英語教育は多少は変わるかもしれないが、日本人の大半が英語ができるようになるのは100年くらい先じゃないか。実際、オレがアメリカで子供を育てたが、その学校に日本人は1人だし、サマーキャンプなんかに行っても日本人はほとんど見ない。時々、日本人の親を見かけるが子供はハーフだったりする。インターネットの発達により、たとえ海外に出ても日本語から離すことができないために多くの子供たちが英語が話せないまま帰国している例も多く見てきたくらいだ。だから、日本語コンテンツバブルはしばらく続く。

すべては選択肢を拡げるために

どうだっただろうか。コンテンツのインパクトがわかっただろうか。コンテンツビ

ジネスに参入することで、

・リモート化
・高利益率
・バブル市場

という恩恵を受けることになる。世の中の産業構造がとっくに変わっているから、いまからオレたち凡人が、いや、オレたち下級国民が豊かな人生を謳歌するにはこれしかないと断言できるし、だからこそ編集者たちのスキルが役立つとも言える。

ただ誤解しないでもらいたいのは、オレはなにも稼ぎやすければいいってことを言ってるわけではないってこと。お金はあくまでも手段であって目的じゃない。よく「月収100万円になりたいです」とかってバカなことを言うやつがいるけど、ああいったバカな発言ができるのは何も考えていない証拠だ。お金ってのは手段なことは誰が見たって明白なはずだ。そして、資本主義社会で生きている以上、どうしても稼がざるを得ない。ただ、オレの提唱するやり方なら、生活コストの安い地域に住み月

5万で生活することも可能だ。

オレは人生の豊かさはお金や財産の有無ではないと考えている。豊かさは選択肢の多さだと思っている。何を選択するかはその時々によってうまくいくときもあればうまくいかないときもあるだろう。それはタイミングの問題だ。だからそんなことに一喜一憂しても仕方ない。ただ、選択肢を持つことは重要だ。何を選択するのかではなく、選択肢を増やすこと。結果的にそれが人生を豊かにすることに繋がるからだ。

次章ではコンテンツから収益を生むための考え方を書いていく。ここで重要なのはどんなコンテンツをつくるかではなく、コンテクスト（文脈）のほうだということだ。これも時代が大きく変わったからであり、昔のコンテンツ作りでは通用しなくなってしまった。

第４章のまとめ

人生そのものがコンテンツである！

無意識で情報発信してしまっている！

好きな場所で働くことを考えろ！

利益率の高い仕事を選べ！

ここでも選択肢を増やすことを意識しろ！

第5章

コンテクストがすべてを決める!

人は何に価値を感じるのか

少し前のことになるが、佐村河内《さむらごうち》事件を覚えているだろうか。これは、2014年2月に『鬼武者』のゲーム音楽や『交響曲第1番HIROSHIMA』などの作曲家として知られていた佐村河内守氏が、実はすべての作品がゴーストライターによって代作されていたことが明らかになり話題になった事件だ。これにより彼の作品は販売停止に追い込まれることになるなど大騒動に発展した。

そもそも、これが事件になった大きな要因には、佐村河内氏が聴覚障害がありながら作曲した音楽家として脚光を浴びたことで、ゴーストライターを務めた作曲家の新垣隆氏が「佐村河内は18年間全ろうであると嘘をつき続けていた」と主張したことだった。

オレがこの事件を見ていて思ったのは、

「人は何に感動してたのだろうか？」

ということだ。クラシック音楽としては異例の売上だったこともありNHKでも特集が組まれるくらいだったたし、佐村河内氏の曲を聴いて涙を流す観客もいた。ところが事件が明るみになった途端に、彼の（彼らの？）作品は販売停止になったわけで、もはや誰も聴いていないのが現実だ。

ここで疑問に思わないか。まあ、いろいろあったかもしれないけど、曲が良ければいいんじゃないかと。だって、観客が聴いていたのは音楽なわけで、それをゴーストライターが書いていたからといって、作曲家が耳が聴こえていないと嘘をついていたからといって、音楽の価値は変わらないはずだ。ところが音楽までも聴かれなくなった。

この事件について全米のトップ校カリフォルニア工科大学（マサチューセッツ工

科大学と並ぶどころかそれ以上とも言われている大学だ）の下條信輔教授が著書『ブラックボックス化する現代』（日本評論社）の中で、

「端的にいって、人々はどこに感動し、何にカネを払ったのか。現代マーケティングにおいて、コンテンツ（内容）とカバーストーリーとは、どういう関係にあるのか。この一件で注目すべきは、佐村河内とその「作曲活動」の周辺が、豊かなカバーストーリーに満ちていることだ。いわく被爆者の両親、村上水軍の末裔、聴覚障害、さらには抑うつ神経症、不安神経症、耳鳴り発作、重度の腱鞘炎など。佐村河内はみずからの障害や持病をむしろ積極的に公表し、作品のテーマでもヒロシマや東北震災などに露骨にすり寄った。そのおかげで（?）ＮＨＫ番組など各メディアで称賛された。さらに佐村河内の「愛弟子」として、義手の女子中学生ヴァイオリニストが登場するなど、メディアの増幅回路のなかで物語が物語を呼んだ。だがそれが今や、ことごとく奇怪な、グロテスクな様相を呈している。たいていの場合、カバーストーリーは（その名のとおり）外側の問題で、中身＝コンテンツに比べれば「本質的ではない」。だがこのケースで問題にしたいのは、まさにその中身と外側（本末）が転倒する可能性についてだ。人々はカバーストーリーにカネを払う。その程度はさまざまだが、このケースはその度合いが、ひときわ突出していた。その意味で、本末転倒してみえるのだ」

と指摘しているように人々はカバーストーリーにお金を払ったわけで、音楽に払ったわけじゃないとオレも思うわけよ。結局、誰も音楽なんて聴いてなかったんじゃないのって。観客は一連のストーリーの一員になっていただけなんじゃないのって。耳の聴こえない天才作曲家がいて彼が奇跡のような曲をつくり、それを涙を流しながら聴く観客がいるというストーリーの中で観客の一員を演じてうっとりしてるみたいな話でしょ。

昨今の日本の音楽フェスブームもそんな感じだと思うんだよね。別に悪いわけじゃないんだけど、大して音楽を愛していない人たちが「フェスを楽しんでいる自分」というのを演じているみたいな。

なんでこんなことを思ったかっていうと、2019年のサマーソニックっていうフェスでグラミー賞を3回とったロバート・グラスパーという超かっこいいミュージシャンが出演したんだけど、そのとき結構会場がガラガラだったと。グラミー賞3回だぞ、3回。一緒に連れてきたドラマーはクリス・デイヴっていうこれまたオレが人類史上最高のドラマーと思うやつ。MCも元モス・デフでいまはヤシーン・ベイと名乗っているという最強メンバーだったのにだ。そこで思ったのは「フェスにいるのは絶対音楽好きじゃない」ってこと。ただ、フェスにいる自分を演じるため、群れるためだけに来てんだって思うわけよ。音楽じゃないんだよ。

自分に価値を感じたい

オレがこれらの現象を見て感じるのは、多くの人がコンテンツに価値を感じてるわけではないってことだ。そのストーリーの一員になっている自分に価値を感じたいのではないかってこと。その要因はインターネットの発達による自由の暴走があると思っている。

インターネットのおかげで、多くの人が自由になったしオレはそのおかげでまさに自由に生きている。その一方、置いていかれている人もいることを忘れてはいけない。オレもどうしてもそういうメッセージを伝えがちだけど、「今は自分次第でなんでもできる時代」だと。実際、そうなったから、オレみたいなレールから外れたやつでもどうにかなっているわけだが、これは反対から見れば「自由なのに何もできないのはお前（本人）のせいだ」って言ってることになる。

2019年8月16日に亡くなったピーター・フォンダが1968年につくった映画『イージー・ライダー』の中でも、こんなセリフがある。

「アメリカという国は、子どもから老人まで『自由』『自由』と口にする。しかし、本当に自由に生きる人間を見るのは怖いんだ」

これが全世界的に広まったのが現代だろう。インターネットやSNSを見れば、自由を謳歌していたり、贅沢をしていたりといった連中を見かけることになる。その一方で、「今は自分次第でなんでもできる時代」「自由なのに何もできないのはお前のせいだ」っていうメッセージを浴びていれば、どんどんアイデンティティが喪失されていくだろう。

そこで無意識にみんな怖さも感じるようになるだろう。そんな中で置いていかれた連中は右傾化しているのが世界の流れだ。アメリカでトランプ大統領が誕生したり、日本でもヘイト本が売れたりするのは自由の暴走によるものだろう。

とくに自由という言葉は多くの人を迷わせる。正直、本当に自由になれば、多くの人が「何をしたらいいかわからなくなる」という状況に陥るのではないか。とくに、日本の学校教育を受けてきたオレたちは「やり方」も「答え」も与えられるという教育を受けるわけで、そのくせ社会に出た途端に自由にやっていいって言われても困るに決まってる。そんなオレたちにとってストーリーの一員になれることは安心に繋がる。その一員でいる間は自由という不安定から少し逃れることができるわけだから。そして、誰かを支援したり、応援することで自分に価値を感じることができるから、どんどん人はその役割にはまっていくことになる。

ジャニーズジュニアのファンクラブに入ってみたら

そういえば、先日、オレはジャニーズJr.（ジュニア）のファンクラブに入会した。ジャニーズ事務所を設立したジャニー喜多川さんが亡くなったときの報道を見て、所属グループの嵐のファンクラブの数字を聞いて驚いたからだ。

その後、彼らについて調べていくうちに、ジャニーズジュニアの存在に興味を持ち、ファンクラブに入会。ちなみに、ジャニーズジュニアっていうのはジャニーズ事務所に所属しているけど、まだデビューしていない子たちのことを言う。かなりの人数がいて、その中にいくつかのグループがあったりするわけだが、そこでも多くの熱狂的なファンがいることに強く興味を惹かれたわけだ。まさにコミュニティ作りの究極だと思ったからだし、そのクラブをどのように運用しているかを知りたかったから。

さらに驚いたのは、２０１９年８月には彼らだけで東京ドームを満員にするコンサートを開いていたこと。冷静に考えるとデビュー前で東京ドームってありえないでしょ。そのコンサートでは2つのグループのデビューが発表されたわけだが、そのグループのファンは大喜びし、それ以外のグループのファンは落胆したという。

応援していたグループがデビューするというのはファンにとっては「役立った感」を得ることができ、自分の価値を感じる体験になるだろう。しかも、人によっては自分が推していたグループがデビューすると、そのグループのファンは辞めてあらたなジュニアのファンになるという人もいたりするらしい。

そういえば、これを書いているときにやっていた『24時間テレビ』でも、ジャニーズジュニアの人気グループ「なにわ男子」ファンが殺到しすぎて彼らの出演が一部変更、中止になったことについて読売テレビの社長が謝罪していたな。

正直、オレにはよくわからない世界だが、AKB48だったり、地下アイドルだったりを応援する心境も同じなのだろう。ここでもコンテンツそのものに価値を感じているというよりも、自分の役割に価値を感じていると言っていい。彼ら、彼女たちのファンが熱狂的なのは圧倒的な「役立った感」が得られるのも大きいのかもしれない。

自分の価値を感じるというのは、オレたちの原動力になる。だから、人生において重要になってくるのがそういう環境に身を置けるかだ。オレが常日頃から、自分が役立ちそうなことをやればいいって言い方をしているのはそのため。

人は役割を求めている

アイドルファンが熱狂的になったり、右寄りな人たちが過激になるのも、結局、人は明確な役割を与えられたときに力を発揮する良い例だと思う。そして、そのときは不安から少しでも逃れられる。だから、人は熱狂していくのではないか。

とくに現代社会は前述したように自由の暴走もあったりする中で、不安が蔓延している。どんどん新しい技術やビジネスが生まれ、とんでもなく早いペースで時代が変わっていく中で生きていれば、「置いていかれるのではないか」という不安は大きいだろう。さらに、豊かになった日本みたいな社会では消費を促すためには企業は不安を煽るしかない。

オレがデビュー作『超一流の二流をめざせ！』でも書いたように、今の時代は「不安情報社会」だ。企業は売上のために不安を煽るような情報をメディアを通じて流しているわけで、その結果、どんどん世の中に不安が拡散されていく。不安であり、不安定な中で、オレたちは安定を求めて役割が欲しくなる。それはどこかに所属することでもいいわけで、だからこそ最近はオンラインサロンなんかも流行っている。

結局、オレたちは不安で仕方ない。だから、自分の価値を感じたいし、自分の役割を見つけたい。こういう前提がいまの消費社会になっていることを理解することが重要だ。人々はコンテンツや商品の機能やデザインに価値を感じて消費行動を取るわけでないということ。ブランド品を身に着けるのだって同じだ。高級ブランドを持つ自分に価値を感じたいわけだ。オレがジェームス・パースを着るのもゴールデングース（オレの好きなイタリアのスニーカー）を履くのも、そんなオレに価値を感じたいだけ。

佐村河内事件でも明らかになったように消費者はコンテンツの価値なんかわからない。評価できない。先ほど、オレがロバート・グラスパーの説明のときに「グラミー賞3回」って強調したけど、あえてやったわけだ。そうやって書くことで、「きっとすごいミュージシャンなんだろうな」ってあなたは思ったはずだし、もし彼の音楽を聴くことがあったらきっと良く聴こえるだろう。もちろん、相当かっこいいんだけど、多くの人はかっこいいという先入観からの評価になるだろう。

よくオレが話すのはコンテンツや商品の価値は専門家しかわからないってこと。たとえば、オレたちには、150キロの球と160キロの球の差はわからない。ただ速いと思うだけ。でも、メジャーリーガーならその差がわかるでしょって話だ。プロだったり専門家しか価値を評価することはできないわけで、多くのビジネスはそれ以外の人に売れないといけないわけだから、売上を左右するのはコンテンツや商品の価値ではないってことだ。

出版でも広告が効かなくなっている

ここまで書いてきたようなことは昔からもあったが、ここ数年でさらに加速したと感じている。オレがいた出版業界でも10年くらい前までは新聞広告とかが効いていた。

たとえば、全国紙と呼ばれる新聞に本の広告を出したとして、そのおかげでアマゾン1位になったりってこともあった。

ところが、ここ数年は広告を打っても効かなくなってきている。それでも広告が出続ける理由は書店へのアピールだ。広告を打つので書店にたくさん置いてくださいみたいな話。実際、本の広告は元が取れることはないと言っていい。広告というのは、コンテンツや商品の素晴らしさを伝えることしかできない。つまり、広告だけでは読者を一連のストーリーに巻き込むことができないわけだ。これがコンテンツの限界だし、単体では成立できない時代になったということ。

現代はコンテンツではなくコンテクストが重要だということ。ここまでいろいろ書いてきたがこの章で伝えたかったのはコンテクストの重要性だ。むしろコンテクストしか重要じゃない。

出版の話で言えば、ここ最近ベストセラーを出しているのは、いわゆる「インフルエンサー」と呼ばれる人たちだ。ツイッターのフォロワーが10万人以上いたりする人たちだが、彼らは日々ツイートしていく中でコンテクストを形成していき、さらに多くの人を仲間にしていく。その一連のコンテクストの中で出版され、フォロワーたちが買い、読み、さらに宣伝までしてくれる。そういう流れがつくれる著者が今は売れている。

コンテクストが商品を決め顧客を決める

これは出版業界に限った話ではないはずだ。まずはネット上でコンテクストをつくってからコンテンツなり商品をつくったほうが効率的だ。従来であれば、商品ができてから宣伝活動をするわけだが、それが逆になってきているということ。

1~2年前から日本でも盛り上がってきているクラウドファンディングなんかはそれを短期間でやっているようなものだ。オレはアメリカのキックスターターというクラウドファンディングのサイトでよく購入するんだけど、本当にマーケティングの勉強になる。

クラウドファンディングの場合は、まだ商品はサンプルだけだったりするわけでコンセプトを紹介することで資金を集めて、集まり次第商品化したりするわけだ。クラウドファンディングでも重要なのは応援してるって感覚だったりする。目標額に到達しなければ商品化しないという設定もできるので、目標額を目指しみんなで頑張るみたいな流れをつくれるかが重要だったりする。

そういえば、この前ロスアンゼルスのゴールデングースのショップを見に行ったときに、その隣に若い女の子で激混みのショップがあったんで覗いてみたら『GLOSSIER』という化粧品ブランドだった。最近、注目のユニコーン企業（10億ドル以上の価値があるとされる企業）の一つとして知っていたけど、実際に店舗の混雑ぶりを見て驚いた。このブランドはファッション誌のアシスタントをしていたエミリー・ウェスが31歳のときにブログを立ち上げ、そこから影響力を持ったことをきっかけにオリジナル化粧品ブランドを立ち上げた。もちろんネット通販中心ではあるが、今ではニューヨークとロスアンゼルスに店舗を持ち、売上は1億ドル（100億円以上）にも達するという。インスタグラムのフォロワーも200万人を超え、典型的な今どきの成功事例と言える。

ロスアンゼルスに行った話をもう一つついでにしておくと、アボットキニー（最近は観光スポットにもなっているオシャレな通り?)に立ち寄ったときに『Ｅｖｅｒｌａｎｅ』というアパレルブランドの店舗もあった。このブランドはサンフランシスコ発で最初はネット通販のみだったけど、ニューヨークとサンフランシスコの店舗がここ1~2年くらいの間にできてて、ロスアンゼルスにも最近できたみたいだった。この面白さは圧倒的な透明性を打ち出し、商品のコスト、製造工場なんかも公開している点だ。『ＧＬＯＳＳＩＥＲ』も「SKIN FIRST. MAKEUP SECOND」(肌が第一、メイクは次)というメッセージを打ち出しているように、これらのブランドたちもそうだけど最近出てきているブランドは行き過ぎた利益追求ではなく、人や地球に優しいというようなテーマを持っているものばかりなのも、消費者の「役立った感」を刺激しているとも言える。

コンテンツの価値もコンテクストで決まる！

どうだろうか。なんとなくわかってもらえただろうか。オレは3、4章で「世の中はコンテンツが支配しているから、支配側にまわろう」と書いたわけだけど、コンテンツ作りのベースになるのがコンテクストだということ。もっと言えば、コンテクストができれば、コンテンツは自動的に決まるとも言える。だから、オレたちがやらなければいけないのは、「コンテクストをつくるためのコンテンツ」と「マネタイズするためのコンテンツ」を分けて考えること。そして、後者は自動的に決まってくるから、今すぐ取り掛かるのは前者だ。そう、「コンテクストをつくるためのコンテンツ」のほうだ。

もしかしたら、あなたはコンテンツをつくれと書かれていて、「私には売るようなものがない」とかって思ったかもしれないが、安心してほしい。もちろん、もうすでに売るコンテンツを持っているならそれを売ればいい。ただ、コンテクストができてないと売れることはないから、「コンテクストをつくるためのコンテンツ」作りはやらなければならない。

「コンテクストをつくるためのコンテンツ」でわかりやすいのはSNSによる発信だ。

結局、どういう発信をするかによってコンテクストが決まるわけだ。オレはサンフランシスコに3年間住んでいるが、その前はホノルルに5年間いた。ただ、オレはSNS上ではホノルル在住は公開していなかった。別にサーファーでもないし、マリンスポーツやゴルフが好きなわけでもない。

ただ、サンフランシスコに引っ越してからは、そこを全面に出している。なぜなら、サンフランシスコは世界でも最先端の街の一つだからだ。「サンフランシスコに住んで最新の情報を伝えています。だから、オレの発信は役立つよ」みたいなコンテクストが成立するからだ。それによってオレの言っていることに信憑性が出てくるわけだ。

もうおわかりだと思うが、オレが本書でもいろんな引用を持ってくるのは信憑性を持たせるためでもある。引用元が権威のある大学の教授にしていたりするのは「権威のある人が言っている」「著者は難しいことも知っているんだな」と、映画、音楽、ファッションにすることで「カルチャーにも詳しいんだな」「最先端の情報も知っているんだな」と、さらに、オレが最近やっていることを書いているのは「今でもいろんなチャレンジをしているんだな」「現場に立ってんだな」と思われたいからだ。

結局は「何を言うかより、誰が言うか」だ。今の時代は簡単にコピーが可能だ。コピー&ペーストが簡単だからこそ「何を言うか」というのは重要でなくなってきてしまっている。「誰が言うか」というのは、すなわちコンテクストをつくる重要な構成要素なわけだ。コンテンツの価値を決めるのはコンテクストで、その中の重要な構成要素の一つが「誰」だということ。

コンテクスト＝キャラクター＝人生

ここまで遠回りしてきたがやっと核心に入る。それは「誰」という部分だ。これまで見てきたようにコンテクストがすべてだ。だから「コンテクストをつくるためのコンテンツ」が重要なんだ。要するに「何を言うかより、誰が言うか」ということは、誰というキャラクターがそのままコンテクストと言っていい。オレたちがコンテンツの支配側にまわるためには、コンテクスト作りをしなければならないが、実はコンテクスト＝キャラクターとも言えるわけだ。そして、キャラクター＝人生なわけで、結局、

コンテクスト＝人生

ということになる。散々、コンテンツやコンテクストについて書いてきたのは、本書のテーマでもある「生き方／稼ぎ方」そのものだからだ。

あなたはなんとなく流されて生きてきたのではないだろうか。多くの人は誰かに仕組まれたコンテクストの中で勝手に設定されたキャラクターを演じているのが現実だ。それが親だったり、世間だったり、日本という国だったりだ。本書にも書いたようにオレたちにクソみたいな学校教育を受けさせるのも、支配者によってつくられるコンテクストの一部にさせられてたんじゃないか。

ということで、次の章では人生作りを解説していく。ギグエコノミー時代において、どういう人生戦略を立てるのか。どうやって人生戦略を立てれば良いのか。いつも思うのは、戦略がないままに生きてしまっている人が多いなと。人生戦略の中の働き方の一つとしてギグワークが有利だということで紹介したが、人生全般の戦略作りについて書いていく。

第５章のまとめ

価値のあるもの、意味のあるものは存在しない！

価値があると信じる人がいるだけなことを忘れるな！

人は「自分に価値を感じたい」だけだ！

人は役割を求めている！

コンテクストがすべてを決める！

第3部

凡人のための人生戦略

好きな場所、
好きな時間、
好きな人とだけ
働くために

第6章

目標があるからチャンスが来ない！

現在地を知らないと話にならない

オレは昔から戦略の重要性を説いている。もちろん、勝負事が好きだというのもあるが、あまりにも多くの人たちが戦略がないままに仕事をしていたり、人生を過ごしているように思えるからだ。

現役の出版社時代は、自分で年間１００万部というノルマを課していたから、そのためにどう動けばいいかを常に考えていた。

当然、思ったように数字が伸びないときもあるから、そのときに備えて余分にネタを仕込んでおいて1冊多く出版できるようにしておいたり、広告費をたくさん使うために出版以外の事業で利益を上げたり。1冊1冊の戦略もそうだが、1年間でどう戦うかを常に考えながら動いていた。その結果、10年間で1000万部の数字が出せたと思っている。

そして、独立したあとは読者の方々と触れ合う機会も増えていく中で、戦略がない人を多く見かけるようになり、いまでは「凡人のための人生戦略家」として発信している。

戦略がない人たちは「現在地」を知らない人がほとんどだ。むしろ、「現在地」を知らないから戦略という発想がないのだろう。

昔から「目標達成術」みたいな本はたくさん出ているし、ベストセラーにもなっていたりすることから、「目標」つまり「目的地」への意識は強くても「現在地」は気にしないという人がほとんどなのだろう。

ただ、当たり前だが、たとえ「目的地」が明確だとしても「現在地」を知らなければ、どちらの方角に向かったらいいかわからない。だからこそ、まずは「現在地」を知らなければ戦略もクソもない。目的地が大阪だとして、現在地が東京か福岡かでは向かう方向が違うわけだから。

現在地とは何なのか？

では、人生における「現在地」とはなんだろうか。オレは「自己評価」のことだと思っている。たとえば、東大に入ることが目的地だとした場合、今の学力の評価によって戦略が変わる。英語はいつも満点なら英語は勉強しないでその分、ほかの教科の勉強に時間を使うとかだ。

間違ってほしくないのは主観的に見たものではなく、客観的に見たときの自己評価だ。

でも、多くの人がこの自己評価が適切でない場合が多い。自己評価が適切でないと、ブサイクなのにイケメンと同じ戦略でナンパするような勘違い野郎になりかねないからだ。

ではどうして不適切になってしまうのか。宮口幸治著『ケーキの切れない非行少年

たち』（新潮社）に、

「ではなぜ彼らは適切な自己評価ができないのでしょうか？　それは適切な自己評価は他者との適切な関係性の中でのみ育つからです。例えば、〝自分と話しているとAさんはいつも怒った顔をしている。自分はAさんから嫌われている気がする。自分のどこが悪かったのだろう〟〝あのグループのみんなはいつも笑顔で私に接してくれる。きっと私はみんなから好かれているんだ。意外と私は人気があるのかも〟といったように、相手から送られる様々なサインから、「自分はこんな人間かもしれない」と少しずつ自分の姿に気づいていくのです。心理学者のゴードン・ギャラップは、集団の中で普通に育った野生のチンパンジーと、集団から隔離して飼育したチンパンジーの自己認知の発達を比較しました。すると、隔離して飼育したチンパンジーには自己認知能力を示す徴候がみられなかったことが判明しました。人も同様です。無人島で独り暮らしをしていると、「本当の自分の姿」は分かりません。つまり、自己を適切に知るには、人との生活を通して他者とコミュニケーションを行う中で、適切にサインを出し合い、相手の反応をみながら自己にフィードバックするという作業を、数多くこなすことが必要なのです」

とあるように、オレたちはどうしても他者との関わりの中で適切な自己評価を得ていく必要がある。

「知らないこと」を知るために

ただ、そこで問題になってくるのが適切なフィードバックをしてくれる人がどれだけ周りにいるのかということだが、正直なところそういった恵まれた環境にいる人は少ないはずだ。

だから、オレは現在地を知るためにやるべきこととして、

・読書する
・新しい体験をする
・文章を書く

という3つを勧めている。オレが拙著『モテる読書術』（すばる舎）で読書の重要性を書いたのもこれが理由だ。

そこで強調したのは、読書は、「知らないこと」を知るためにするということだ。読書をすればするほど、自分がどんどん知らないことがあるのに気づくようになる。

そして、知らないものに出会えば出会うほど、自分の現在地がわかるようになる。

だって、そうでしょ。たとえば、街中でかっこいい曲に出会ったとする。それが今まで聴いたことのなかったジャズだったなら、ジャズを知らない自分を知ることになるだろう。

そうやって、どんどん新しい知識にぶつかっていくことで、そこからの距離がわかり自分の現在地がわかるようになる。

この考え方って面白くて、サイバネティクスと一緒だ。サイバネティクスというのは、アメリカの数学者であったノーバート・ウィナー博士が開発したもので、敵の戦闘機を撃ち落とすために開発されたと言われている。これは照準を戦闘機に合わせるためのもので、弾を何発も放つことで（当然外れるわけだが）その弾と戦闘機の距離をどんどん測っていき、最終的に命中させるというもの。

オレは自分の現在地もこれに近い形で、どんどん新しい知識を投げることでわかってくると思ってる。

それともう一つ。知識も重要なんだけど、同じように経験も重要だ。新しい経験をすることで自分を知ることができる。

その中でもオレがいつも推奨しているのがギャンブルで、よく若者を数十人連れてラスベガスに行ったりしている。なぜかというと、ギャンブルは自分の心理との戦いになるからだ。

つまり、プレッシャーのかかったとき、勝っているとき、負けているときなど、いろんな局面で自分がどう感じる人間なのかがわかるから自分を知ることにつながる。

なんだかんだ言って、若い頃にカジノで多くの時間を過ごした経験がオレの人生にとって大きかった。

そして最後に、文章を書くという行為も自分を知ることに役立つ。書くという行為よりも書いたものを読むということに意味がある。これって、まさに自分を客観視していることにつながるからだ。

結局、現在地を知るというのは俯瞰して自分を見ることができるかということでもある。グーグルマップを上空から見てる形で自分の現在地がわかってないといけないのに、多くの人はストリートビュー状態で自分の目線でしか世界を見てなかったりする。

そのときに役立つのが自分を客観視するトレーニングとしての文章を書くということ。

多くの人が自分を客観視できていないから、よくわからない方向に行き人生を狂わせてる。オレの大好きな作家チャールズ・ブコウスキーも、

「自分が書いている言葉が完全なる狂気から自分を守ってくれている」

と言っているように、大量の情報を浴びる現代人こそ自分で書くということは重要だ。

「好きなことで稼ぐ」というウソ

先ほども書いたが、オレたちは目標という言葉が大好きだ。目標を書くのも大好きだし、目標を紙に書けば叶うみたいなオカルトみたいな話も大好きだ。

でも、99パーセントの人はその目標を達成していないんじゃないか。まあ、99パーセントというのは大げさかもしれないが、大多数は達成していないはずだ。

じゃあ、そもそもそんな達成する可能性が低いものを設定する必要があるのだろうか。そこで目標設定に関してのオレの考えを書いていく。

世の中によくある「好きなことで稼ぎたい」「やりたいことで生きていく」みたいな考えは捨てたほうがいい。

オレも出版社にいたからわかるけど、こういう類の本がたくさんあるのは売れるからであって、どれだけの人が好きなことで稼いでるのかはあやしい。

そりゃあ、好きなことと稼ぐことが一致する人もいるだろうし、それで大成功する人がいるのもわかる。でも、それってどれだけの人だよって。

ただ、問題なのは、好きなことで成功した人たちの影響力が強いってこと。そういう人が本を書き、取材される。当然、そういう人たちは夢を語りがちだ。だから、「夢を持とう」みたいなメッセージが広がってしまう。

そもそも、オレたち凡人にやりたいことなんてある？　なくない？　そんなのあったら、こんな本読んでないし、この時間もそれやってるよね。

だってさ、イチローとかって物心ついたときから野球をやり、才能もあり、環境もあり、チャンスもあり、結果もありってきたわけじゃん（もちろん、とてつもない苦労と努力は大前提で）。

でも、オレたち凡人は社会に出てもやりたいことを探してる人間が大半だぜ。子供の頃だって、スポーツ選手になりたい、とか、東大に入りたいとかあったかもしれないけど、気づいたら全部あきらめてきたわけよ。あきらめの連続と言ってもいい。だから、こんな本を読んでるわけじゃん。

だから、オレはあえて言うわけよ、

「好きなことなんかどうでもいい！」

ってね。オレたち凡人に関係ない。

目標なんかいらない

目標なんかいらないって。だって、そうでしょ、人生において最大のロスって、どうでもいい目標を追ってしまうこと。オレは多くの人の相談に乗ることが多いんだが、

「やりたいことを探してます」

みたいな類のものがやたら多い。そもそもなんで探さなきゃいけないのか。そも

そもやりたいことはないといけないのか。そもそもやりたいことならやってるでしょ？　ってオレはツッコミたい。

絶対にそんなことを言ってる人のやりたいことなんて、やりたいことでもなんでもない。さっきも書いたけど、やりたいことならやってるわけで、そもそも探すってのがおかしい。

だから、オレが思うのは、

「目標なんかいらない」


ってことだ（しつこいけど）。すべての人にいらないって言ってるわけではなく、この本を読んでるあなたのような人には不要だということ。

最近は目標を持つこと自体に意味がないという考え方も出てきている。目標を立てて、それに向かって一歩一歩進むみたいなやり方は古いっていうこと。

そりゃそうだよね？　人生もだし、経営もだけど、目標を立てたところで、時代の変化が早すぎて予定通りいかないことばかり起きると思うんだよね。

わかるでしょ？　だったら、むしろ目標に固執してしまうほうがリスクだと思わないか？

だから、オレは現在地の把握は必要だけど、目的地はいらないって思ってる。「じゃあ、どこに向かって行けばいいいんだよ」って思うかもしれない。

自分を還元していけばいい

では、オレたちは何に向かって生きていけばいいのか。

どこにも向かわなくていいと思ってる。再三書いているように、時代は大きく変わった。そして、ギグワーカーにとって、一番重要なのは「つながり」なんだ。「ギグワーカー？　そんなの忘れた？」と思った人もいるかもだが、この本のテーマはギグワークだからな。忘れずに。

オレは今の時代に必要なアティチュード（態度）は、

「自分を還元する」

というものだと思っている。どこに還元するかというと、社会だったり、他人だったり、お客だったりだ。いつもこういうアティチュードで生きると「つながり」ができやすくなるんだ。還元と言われてもピンとこない人もいるかもしれないが、たとえば、オレだったら、

・サンフランシスコに住んでたから最新の情報を発信して多くの人に知らせる
・編集者だったから面白い人や考えを本にして世の中に広める
・この本もそうだけど新しい生き方を広げて多くの人に人生を楽にしてほしい
・アメリカで子育てしたので日本の教育を少しでも良い方向にするためにいろんな活動をする
・多少の集客力もあるので貧しい地域に学校をつくったりする資金集めをする
・レールから外れた人生で20代はブラブラしていたので若者に生き方のアドバイスを

する

・ホノルルに5年、サンフランシスコに3年住んでたから海外移住のアドバイスができる

・子供がアメリカでギフテッド教育を受けていたため日本の人に情報を提供できる

など、挙げたらきりがないが、自分が「できること」はとにかくやっていきたいと思っている。

ここで重要なのは「できること」であって「やりたいこと」ではないということ。もちろん、やりたくないことでもないんだけど、もともとやりたかったわけでもないってこと。ほんと海外に住みたかったわけでもなくたまたま住んだだけ。そしたらそこの知識と体験を得て、それを還元できるようになったという感じ。

でも、きっと大きな目標なんか持ってしまうと、目標に沿う行動しか取らなくなると思うし、そういった情報しか目に入ってこなくなるのではないか。まさに「フィルターバブル」の犠牲《ぎせい》になってしまう。

損するように生きろ！

どうして、還元するというアティチュードが重要かというと、結局、オレたちは、

「今できることしかできない」

から。この当たり前の現実を直視してない人が多い。なぜだかわからないけど。今できることしかできないわけで、それをどう周りに役立てるかを考えることが重要だ。もちろん、その一方でできないことをできるようにする努力も必要だが、それは未来への投資でしかない。まず、今できることをやるしかか、その先もない。ところが、世の中は面白くて、

できることをやる→感謝される→紹介される

というループに入ることが多い。もちろん、その場で見返りや報酬を求めてはダメだ。なぜなら、還元するってことで言えば対価を期待してはいけないからだ。もちろん、オレは報酬をもらうことはあるが、そのときは報酬以上のことをすることで還元になると考えるわけだ。

こういう話をすると、「見返りを求めないではできない」とか「それって損じゃないですか」みたいなことを言うやつが出てくる。オレたちはなぜか「損する」ことはしてはいけないと思い込まされてきた。当たり前だが、見返りなんてどうでもいい。

わかってもらいたいのは、還元の先にチャンスの可能性があるということ。そもそもオレたちの人生はテイクしまくりだということを認識したほうがいい。

あなたが今、本を読めてるのも誰かが本をつくってくれたからだし、印刷技術を考えてくれたからだし（電子書籍ならデバイスをつくってくれたから）、そもそも本が買えるのもお金があるからだし、それって誰かが稼いでくれたわけだし。オレだって、いまこうやって本が書けてるのも、いろんな人のサポートがあるからだし、そもそもオレみたいなやつが生まれてきたのも先祖がいたからだし、先祖たちだって誰かのおかげで生きてきたんだろう。

つまり、オレたちは、

生きているだけでテイクしまくり

な状態なわけだ。だから、テイクを凌ぐくらいのギブ（還元）をしまくらないといけないんだよ。世の中ってのは、

ギブ＝テイク＝チャンス

ってことなんじゃないかな。そしたら、チャンスなんて勝手にやってくる。だから、少し損するくらいの気持ちではじめてイコールだってこと。もし、還元とかギブって感覚にいまいちピンと来ないなら、損するくらいの気持ちでいたほうがいい。

紹介される人の3つの特徴

還元することで、紹介が発生しやすくなる。とにかく、上位のギグワーカーとして生きていくには紹介が欠かせない。オレなんかもそうだが、基本的にすべての仕事は紹介だ。ある程度までいくとそうなるし、それが理想だろう。

毎回、クラウドソーシングサービスを利用して仕事を取っていれば安定しないし、価格競争に巻き込まれてしまうだろう。それに、素性のわからない新規の人と仕事していれば、トラブルに巻き込まれる可能性が高まるだろう。お金がもらえないとか、納期を守らないとか。でも、紹介でお互い受ける以上、そういうことは起こりづらくなる。

オレたちが生きているギグエコノミーで重要なのは評価だ。評価経済なんて言われたりもする。評判が良ければ仕事は自動的にやってくる。じゃあ、評判ってなんだ？

多くの人がレビューを想像するかもしれないが、一番強力なのが「信頼している人の紹介」ではないだろうか。当たり前だが、あなただって他人のレビューよりも信頼している人の評価を信じるはずだ。だから、紹介される人になる必要がある。

オレが考える紹介される人の特徴を3つあげておこう。

・ギブする人

当たり前だけどテイクの人を紹介したい人はいない。ギブの人だから大切な人を紹介してもらえる。

・即レスする人

即レス（返信）は信用される。誰でもできるのにできない人が意外と多い。当たり前だけど、仮にAさんをBさんに紹介して、AさんがBさんにレスをしなかったらトラブルになるわけで。だから、即レスできない人は紹介できない。

・紹介する人

これも当たり前だろうけど、紹介される人は紹介する人でもある。この人とこの人がつながれば面白いなと思えば紹介していくようにする。

以上は必ず心がけてくれ。

できることが増えればやりたいことが変わってくる

今できることを還元していくと、いろんなチャンスがもらえるようになる。それは新たなチャレンジだったりする。オレ自身もただの編集者だったのが、出版社を辞めるタイミングではマーケティングコンサル的な仕事で独立していたわけだし、今だってプロデューサーを名乗ってるのは、何者でもないからだ。独立後は、講演会なんかも数多くこなしているが、出版社時代はどんなに依頼が来ても断っていたくらい。でも、時々、本業が講演家なんじゃないかってくらいやっていた時期もある。人前で話すのなんか嫌いだし、でもそういうチャンスをもらったからやっただけ。そしたらできたってだけだ。そしたら、もっとうまくやろうとか、もっと面白くやろうとかって気持ちが湧いてくるわけよ。

なんか人生ってそんな感じでいいんじゃないかなって思うんだよ。目の前のできることを一生懸命やってたら、次に何かやらせてもらって、そしたらできるようになって、やりたいことが出てくるみたいな。もちろん、やりたいことが出てこないこともあるだろうし、やりたいことなんてなくてもいいんだけど。

人ってできることが増えたり、環境が変われば、やりたいことってどんどん変わっていくと思うんだよ。だから、オレはやりたいことなんかいらないってしつこく言うんだよね。なんとなく決めたものでもやりたいことを決めちゃうと、視野が狭くなって結果的にチャンスを逃すから。

目標よりも現在地を確実に把握することが人生においては重要だということ。目標を立てていいのは、スポーツ選手とか明確な目標がある人たちだけだ。オレたち凡人に重要なのは現在地だ。このアティチュードを忘れないようにしたい。ギグワーカーはその場その場でできることを精一杯やることで人生が拓けてくる。

いよいよ次章では具体的にギグワーカーとして成功するための人生戦略をつくっていく。

第６章のまとめ

目標なんていらない！

現在地を徹底的に確認しろ！

「好きなことで稼ぐ」というのは幻想でしかない！

自分を還元することだけ考えろ！

「損する」くらいの意識で生きろ！

第7章

人生を変えるインプット術

人生における4つの資源

前章で現在地と目的地について詳しく書いた。そこでオレが強く主張したのが、現在地の重要性。なぜなら、多くの本とかが目的地を重視していたからだ。そこを理解した上で具体的に何をすればいいかをこの章では書いていく。

念のため、ここまでの内容を整理しておく。

・経済構造が変わり、働き方も変わり、資本家でも労働者でもないギグワーカーを目指そう

・ギグワーカーでも下請け的な存在ではなく上位を狙うためにコンテンツを支配する側になろう

・大きな目標を持つのではなく、今できることを大事にして「つながり」をつくっていこう

簡単に言えば、この3つに集約される。じゃあ、具体的にどうすればいいかを書いていくが、まずは人生の資源について確認しよう。なぜなら、戦略の基本は持っている資源をどこに投資するかということだからだ。だから、オレは現在地の確認が重要だと書くわけだ。

自己資源には、お金、能力、時間、人脈があると思っている。お金は預金も含めて自己裁量できる金額、能力は人に役立つスキル、時間は自由に使える時間、人脈はコネクションになる。自己資源は当然、人によって持っている数量が違ってくる。

たとえば、実家がお金持ちで働いてない人であれば、お金、時間は豊富だけど、能力はゼロということもあるだろうし、若いうちはお金、能力、人脈はないけど時間だけはある場合もあるだろう。

ここでお金、能力、時間、人脈について、それぞれの特徴をあげておくが、これらをどう配分していくかというポートフォリオ作りが人生戦略そのものになってくる。本書で言うポートフォリオは、金融資産のポートフォリオと同じように資産配分のことを指す。

・お金

お金は基本的には最後についてくるものと考えよう。もちろん、最初の段階から生活できる程度のお金は必要にはなってくる。ただ、お金にフォーカスしすぎるのは良くない。ここで間違えてはいけないのは、お金は目的ではなく、あくまでも手段であるということだ。

よく「月収100万円にしたいです」という若者に会うことがあるが、これはお金が目的になってしまっている典型だ。限られたお金をどこに投資するかが重要になってくるわけだが、最初は自己投資に使うしかない。大したお金がないのに、金融商品なんかに投資する人がいるが本当に無意味だ。

そんなお金があるなら自分の経験、勉強に投資していくのが定石だ。先日も「FX

自動売買システムを購入しました」みたいなことを言ってきた若者に対してオレは「そんな金があるなら世界一周でもしろ」と伝えたところだ。まずは自己投資しかないし、自己投資をどこにするかが問題なわけだ。

・能力

ここで残酷なことを言わせてもらえば、能力が向上することは期待しないほうがいい。たとえば、ＩＱは遺伝だ。身長以上に遺伝率が高いと言われている。つまり、親がＩＱが低ければ、子供のＩＱが低い可能性が高いということ。これはＩＱが低いからダメというわけでなく、ＩＱは低いけど運動能力が高い場合もあり、人それぞれ生まれ持った能力が違うということを認識するべきだということ。

能力で重要なのは、自分の能力を知ること。自分の能力を知らないでいれば、身長が低いのにバスケットボールの選手を目指すことになってしまうことになりかねない。一緒に仕事もしたことあるＫ‐１チャンピオンで株式トレーダーである久保優太さんも「自分は身体能力は高くないから、誰よりも相手の研究をしている」という。さらに彼は株式トレードに関しても「自分は３０００万円の運用が適しているので、どんなに資産が増えても毎年1月になったら一度3000万円に戻してからスタートする」というくらい自分の能力を理解し、そのルールを徹底している。だから、結果が出ているのだろう。

多くの人は3000万円が3億円になれば、そのまま3億円の運用をしてしまい、人によってはあるとき全財産を失ったなんて話もよく聞く。能力についてはアップさせるとかではなく、重要なのは自分の能力を知ることだ。

・時間

資源の中で何よりも大切なものが時間とも言える。それは、誰もが1日24時間で平等に与えられているし、お金は取り返せても時間は取り戻せないからだ。当然、お金よりもはるかに重要なものになるし、若者が唯一持っている資源とも言える。それも若ければ若いほど残された時間も多いわけで、年齢によって戦略が大きく変わってくる。

オレがよく「会社をやめろ」と言うのは、会社のせいで時間がなくなってしまっている場合だ。ブラック企業と言われるような毎日朝から夜中まで働かされる環境では、人生戦略は立たないからだ。まずは、自分に裁量権のある時間を確保すること。

そして、時間ははるかにお金よりも貴重なわけで、お金で買える時間はどんどん買うこと。時間を買うとはどういうことかといえば、家事代行なんかも該当する。家事代行にお金を払うことによって、その空いた時間を自己投資などに使えるからである。少し語弊があるかもしれないが、借金も時間を買うためなら大いに活用するべきだ。1年間で学費100万円の学校があるとして、1年後にお金を貯めてからよりも、100万円借金して1年早く入学したほうが戦略上は有効だからだ。これは1年間の時間を買ったことになる。

・人脈

ここまでお金、能力、時間について書いてきたが、人生を大きく変えるのは人脈だ。正直、人脈という言い方は嫌いだが、わかりやすいのでこの表現のままでいく。人脈というよりは出会いなわけだが、先の3つの資源は最終的には人脈のために投資すると考える。つまり、良い出会い、良い人脈のために持てる資源を投入するというのが人生戦略上重要だということ。

これはよく考えればわかることで、何かやろうと思いお金が必要な場合、何か専門的なスキルが必要な場合、時間がない場合は、それぞれ出資してくれる人、スキルを持っている人、時間を使ってくれる人が身近にいれば解決する可能性が出てくる。人脈があればすべてをカバーすることになるわけで、であるならば他の3つの資源は人脈拡大のために使うということが戦略上は有効だ。

そして、オレ自身もそうであったが、人生のステージが上がるときには必ず上の人に引っ張り上げてもらわないと無理だ。そういった出会いからチャンスがもたらされる。

会社なんか辞めてしまえ！

お金、能力、時間、人脈の4つのうち、時間以外の3つは人それぞれ違う。だから、一概にこうしろとは言いづらい。ただ、時間については1日24時間はすべての人間に平等だ。だから、まず大切なのは、貴重な自己資源である時間をどこに投資するかだ。もっと言えば、睡眠時間なども考えるとなると、おそらく1日で投資に回せる時間は

16時間くらいだと考えたほうがいい。

オレが「会社を辞めてしまえ」って言ってる最大の理由は時間の無駄が多いからだし、自分で時間をコントロールできなくなるからだ。通勤、会議、飲み会を排除するだけでだいぶ投資に回せる時間が増えるはずだ。これらだけでなく、大半の時間や人間関係すら会社に取られかねない。何がまずいかというと、それが日常になっていき、その異常さに気づかなくなり、ただただ時間が過ぎていく。自己資源の中で一番重要である時間が無駄に過ぎていくってのは、毎秒1万円が出ていくよりもまずい状況だ。

オレみたいに海外に住んでいると、日本人が同じような人間ばかりなのに異様さを感じる。東京に来たことある人ならわかるだろうが、朝の通勤時間帯の品川駅で高輪口から港南口へ向かう人の流れは外国人の見せ物になっているみたいだ。同じようなスーツを着た人たちが同じ方向に動いていく。これって異常なんだよ。人ってそれぞれなわけだから、同じような人間がやたら多い社会っておかしいんだよね。

でも、前述したようにそんな生き方を当たり前のように受け入れ、何も感じることができなくされてしまっている。だって、無理やり合わない型にはめ込まれているようなもんなんだから、無理やり感じないようにしてないと頭おかしくなるでしょ。まあ、どっちも頭おかしいとも言えるが、あなたはどっちを選びたい？

あと会議も無駄だ。飲み会も同じようなものかもしれないが、無駄に集まって話す機会はなるべく減らしたほうがいい。会議や打ち合わせなんて、なんとなく責任をとりたくないやつらの集まりになりがちだし、そのときのメンバーによるポジショントーク合戦で適当な結論が出るだけ。だったら、誰かが責任を持って決めたほうがよほど時間の短縮になるし、責任の所在も明確になっていい。

時間の無駄遣いをなくせ

先ほど書いたように、通勤、会議、飲み会もそうだが、まずは無駄な時間を徹底的になくしたい。じゃあ、どういう時間を無駄と言うのか。ずばり、他人に支配されている時間だと思っている。会社員の場合は、起きている時間の大半は他人に支配されるわけで無駄だらけだ。

とくに、オレたち日本人は「みんなと同じことをする」という教育を受けているがゆえに、赤信号みんなで渡れば怖くない精神が強い。その結果、群れたがる人が多い。だから、オレは群れないようにするべきだと言いたい。オレの好きな言葉に寺山修司の、

「弱いから群れるのではない。群れるから弱いのだ」

というのがあるが、まさにそのとおりだと思う。他人に奪われる時間を徹底的に排除するためにやってほしいことを挙げておく。

・電話に出ない

他人からかかってくる電話ほど迷惑なものはない。ということは、あなたもかけないようにしたほうがいい。

・会社を辞める

先ほど書いたとおりだ。通勤、会議、飲み会など無駄の宝庫だ。会社は働く場所、

働く人、働く時間も選べない地獄とも言える。

・同窓会に出ない

過去に生きるのはやめよう。未来に生きようと思えば、過去の人たちと群れるほど無駄なことはない。飲み会に行くかどうかの基準は、そこに知らない人がいるかどうかだ。

・平日休みにする

土日、お盆、正月といった多くの人と休みをずらす。こういった日はどこも混むからだ。こういうときこそそこもるべきだ。

・移動はタクシー

タクシーの中はあらゆることができる。少し寝ることもできるし。自分一人になれ、他人に時間を奪われることはない。

最強の時間確保術

いくつか挙げさせてもらったが、最強にして絶対にやってほしいのが「早起き」だ。正直、早起きしろって言う自分は嫌いなんだが、いろいろ研究した中でもっとも強力なのが「早起き」だと確信を持って言える。オレがこうやって本が書けるようになったのも早起きのおかげだ。

この原稿も午前3時のホテルのラウンジで書いている。いつも思うことだが、アメリカだと24時間使えるラウンジがあったり、朝5時から開いているカフェも多くて早起き派にはいい。スタバなんかも5時くらいから開くのが普通だ。日本だとどうしても7時くらいが一般的でいくつかの店舗が6時半くらいからか。オレは日本にいるときは、早起きしてまずはタクシーでカフェまで移動して原稿を書いてそこから打ち合わせや事務所に向かうようにしている。とくに最近は9時前後だとタクシーが拾いづらいので、朝一のアポの近くのカフェまで早朝に移動するようにしていたりする。

少し話はそれてしまったが、オレが10年以上一緒に仕事をさせてもらっている元外資系銀行の日本代表の方は、若い頃に有名な経営者の自伝を読み漁ったところ、すべての人が早起きをしていたという。だから、その人は早起きを実践した結果、成功したという。オレ自身は、45歳になるまで早起きをどこかでバカにしていた。というのは、そりゃあ早く起きれば成功するでしょって思ってたからだ。でも、本当にバカだったなと思う。成功するとわかってるなら、やればいいだけだから。あなたも絶対に早起きだけはやったほうがいい。

じゃあ、なぜ早起きがいいかというと、まずは朝の時間は誰にも邪魔されない。電話もメールも基本は来ないだろうし、誰にも会わない。確実に自分のために時間を使えるはずだ。そして、朝から活動すると圧倒的に1日が長くなる。

たとえば、6時から8時間働いたとしても、まだ午後2時だ。午後2時で仕事が終わったなら、そのあとの時間を自己投資に使いまくれることになる。時間という自己資源が増えているのに等しいわけだ。これが1日ならそんなに差は生まないかもしれないが、1年、10年と積み重なれば膨大な資産の差になることはわかるだろう。

すべての資産はインプットに

では、確保した時間という自己資源をどこに投資すればいいのか？　これは、時間以外の能力、人脈、お金も同じなんだが、すべての自己資源をインプットに投資するべき。なぜなら、インプットはさらなる価値を生み出してくれるからだ。たとえば、金融について考えたときに、あなたはお金を増えそうなところに投資するだろう。それと同じことだ。

オレが言うインプットは「知識」と「経験」だ。まずは、新しい「知識」と「経験」に自己資源を集中させること。おそらくこの本を読んでいるあなたは、何らかの方法で人生を変えたいと思っているはずだ。この本で提唱しているギグワーカーは働き方であり生き方だから。そのために古い価値観を捨てなければならない。

本書でも再三書いているように、クソみたいな教育のせいでオレたちの頭の中にはクソみたいな価値観が埋め込まれている。それは長年にわたってインプットしてきた情報によりつくられたものだ。だから、徹底的に新しいインプットをしていくことで、古い価値観を破壊しないと、ずっと過去の延長線上の人生になってしまう。だから、すべての資産を新しいインプットに投資するんだ。

結局、オレたちは脳の中にある情報を通じて世界を見ている。だから、人によって見える世界が違うということ。同じ方向を見ていたとしても、人によって見える景色が違うのがオレたちだ。人生そのものはアウトプットだ。行動だったり、結果だったりが人生だからだ。

でも、そのアウトプットはインプットによって変わるのはわかるだろう。アウトプットの源泉はインプットなわけで、そこにすべての自己資源を投入するのは当たり前と言えば当たり前だが、多くの人がそこに気づかずに人生を無駄にしてきてしまっている。コンテンツもコンテクストもすべてインプット次第だ。

人生は編集できる!

では、アウトプットそのものである人生を変えるにはどうすればいいか。オレは人生を編集感覚で生きることを勧めている。多くの人が自分の能力を上げることで人生をうまくいかせようと考える。ただ、それって限界があると思っている。先ほども書いたように、大人になってから能力が飛躍的に上がるとは考えにくいからだ。そして、そのポテンシャルというのも遺伝的要素が強いからだ。ところが、インプットを変え、それを通じてアウトプットしていくことで人生が大きく変わる。

これは編集という仕事を通じて、オレが身につけた術だ。編集というのは、集めて編むと書くわけで、だから重要なのは、何を「選択」し、どう「組み合わせる」かだと思っている。このパターンをどれだけ持てるかが勝負だと思っている。もちろん、能力があったり、天才だったりする人は別の話だ。オレはあくまでもオレのような凡人のために書いている。

そうなると重要なのは「何を選択するか」なわけだけど、選択するにはそもそも多くを知らないといけない。一つしか知らなければ選択もクソもないし、組み合わせることもできない。まあ、二つしか選択肢がなくても、組み合わせは一つしかできない。

だから、オレはすべての資源をインプットにと言ったわけだ。知識とか経験を集めて、出力しなおしたのが人生だ。知識と経験を自分の中に取り込んで、それをアウトプットした結果つくられる周りとの関係性が人生を動かす。周りとの関係性が変われば人生が大きく変わるのは当たり前だ。

自分を変えようとするな!

人生を変えるというと無理やり自分を変えようとする人がいるが、それは無理だと思っている。能力を変えられないのと同じで、自分を変えることはよほどのことがない限り難しい。だから、オレは人生を変えるという言い方にこだわっている。なぜなら、人生はコンテンツだから編集スキルを使えばどうにでもなると思っている。リチャード・ドーキンスが『利己的な遺伝子』（日高敏隆訳、岸由二訳、羽田節子訳、垂水雄二訳、紀伊國屋書店）の中で、

「生物は遺伝子の乗り物（ビークル）である」

と書いているが、オレは遺伝子をコンテンツに置き換えて考えている。コンテンツを自分という乗り物に乗せるくらいの感覚でいい。人生というのはどういう情報を選択するか、そして、どう組み合わせてアウトプットするかなわけだから。自分を変えるのではなく人生というコンテンツを変えると考えよう。

こういう話をしてもなかなか理解できない人もいるが、そういう人たちに共通するのが感情を重視している点だ。オレたちの感情なんて所詮、反応でしかない。外からの刺激が「頭の中に蓄積された情報」に反応したのが感情だ。オレはよく

「感情なんて無視しろ」

って言うんだけど、なぜなら単なる反応でしかないからだ。しかも、「頭の中に蓄積された情報」との反応なわけだから、それって過去の自分でしかない。過去の自分が反応した結果なんか、未来とはまったく関係ないでしょ。だから、もう一回言うけど、

「感情なんて無視しろ」

ってことだ。まずは頭の中の情報を入れ替えることから新しい人生がはじまるんだ。どうだろうか。徹底的に新しい知識を入れるというのはわかったはずだ。次章ではコンテンツを扱う側になるべくアウトプットについて書いていく。

第７章のまとめ

人生における４つの自己資源を把握しろ！

もっとも貴重なのは「時間」である！

早起きが最強の成功法則

すべての資源はインプットに使え！

感情は無視していけ！

第8章

人生をコントロールするアウトプット術

人生はアウトプット

散々、いろいろ書いてきたがすべては人生のため、すなわちアウトプットのためと言っていいだろう。そもそも人生そのものがオレたちの行動の集大成を指すわけで、前章でしつこくインプットについて書いたのだってアウトプットのためだ。そして、第2部「コンテンツ化する世界」でも書いたように、コンテンツを支配するやつが人生をうまくいかせることができるのがオレたちが生きている世界だ。

前章でも少し触れたが、オレたちの人生は他人との関係性がすべてだ。どんなにあなたが自分のことを頭が良いと思っても、周りの人が誰一人として認めなければなんの意味もないのはわかるだろう。

巷だと「セルフイメージを高めれば人生がうまくいく」なんてほざく詐欺師がいたりもするが、イメージなんて他人が認識してくれなきゃ意味ないんだよ。

逆に言えば、自分がどう思ってようがどうでもいい。たとえば、「自信がないんです。どうすればいいでしょうか」なんて言ってくる若者によく会うが、自信を持ってようが持っていまいがどうでもよくて、他人から見て自信を持っているように見えればいいだけだ。

オレだってこうやって偉そうな口調（文体？）で本を書いてるけど、自信なんて一切ないよ。でも、なかにはオレの本を読んだり、活動を見ていて「その自信はどこから来るんですか」なんて質問してくるバカもいる。そんなやつにいつも言うのは、

「自信なんてねえよ、ボケ。ふりしてるだけだよ」

ってこと。どうして自信ありそうに見えるかと言えば、オレが著者であなたが読者という関係性が大きく影響しているはずだ。そもそもあなたがこの本を手にとったの

だって、オレの実績やライフスタイルなんかを知っての上だ。そこで、

著者→読者

という関係性が生まれることで、あなたはオレの話を比較的聞いてくれるだろうし、信じてくれているはずだ。じゃなきゃ、金を払ってまで本は買わないだろう。もしかしたら、誰かからもらったり、万引きしたりして金は使ってないかもしれないが少なくともここまで読んできたなら時間は使ってるわけだから。

仮のゴールは全員一緒でいい!

つまり、新たな関係性を構築するためにアウトプットをしていくということ。多くの人が他人によってつくられた関係性の上で生きている。わかりやすく言えば、親に

よってつくられた関係性の人が多い。

だって、そうでしょ。生まれてきてから親の価値観によってつくられた環境で育ち、親が住んでいる地域の学校で友人と出会い、その延長線上で就職して、パートナーに会い結婚して家庭を築いて、みたいな。これって、全部、親の影響だろ。

とくに、近頃の若者は（笑）、大学受験に親がくっついてくるくらい親と仲がいいらしい。どうりで拙著『親は100％間違っている』（光文社）もあまり売れないわけだ。それでも、オレはあえて言いたい。

「親は100％間違っている」

と。なぜなら、他人（親だって他人だ）がつくった関係性の上では、人生をコントロールできないからだ。

じゃあ、あなたは何を目的に新たな関係性の構築をしていけばいいか。答えは簡単で「選択肢を拡げるため」だけだ。明確な目標なんていらないわけだが、とはいえ闇雲にアウトプットしても何も起きない。だから、オレは「選択肢を拡げるため」という目的を設定させる。いつも問うのは「選択肢が拡がるか」ということ。あなたが何かを選択するときは、もっとも選択肢が拡がるほうを選択しろってこと。

別にオレはやりたいことがあってはいけないってわけじゃなくて、ほとんどの場合（もしくは、この本を手にとるような人）のやりたいことはウソのことが多いから、やりたいことにこだわるなって言ってるだけ。だって、親がつくった関係性の上で見えてきたやりたいことなんてウソに決まってるだろ！

情報発信で関係性をリセットしろ！

そもそもオレが7年前に出版社を退職した理由の一つに、出版社にいる必要がなくなったことがある。きっと、今いろんな業界で活躍している元編集者の人たちもそうだと思う。

オレがもっとも可能性を感じたのが「情報発信」だった。それまでは、情報発信できる人ってのは、新聞とか出版社に認められた人なわけで、簡単に言えば権力者に認められた人たちだけだった。そいつらが、ある意味、オレたちの世界を支配し、オレたちの頭の中を洗脳してきたわけだ。だからこそ、最近でもよく起こってるけど、権力者に否定的な人たちはどんどんテレビ番組から外されたりするわけよ。

でもさ、今って誰でも情報発信できるようになったわけよ。そして、課金もできるようになったわけよ。オレが一番衝撃だったのは、ペイパルの登場だったな。個人がカード課金できるって、当時は結構、驚いたんだよね。それまでは、それなりの法人じゃないとカード決済とかできなかったけど、それが個人でもできるってやばいじゃんってね。

そして、オレも何冊も出してるけど、電子書籍なんて最高に熱いわけよ。だって、勝手に出版できちゃうんだぜ。それまでって出版ってほんと、偉い人しか無理だったわけだからさ。さっきの『親は100%間違っている』だって、もともとは電子書籍として出してた何冊かを編集し直したものだったし。

そこでオレは思ったわけよ、

が来たなと。情報発信っていう権力者しか持てなかった武器をオレたち凡人が手に入れたわけだから、コンテンツのプロである編集者のオレがその使い方を教えようって思って独立したんだ。

そこでまずやらなきゃいけないのは、今までの関係性のリセットだ。少し極端な例を出すが、人生なんて関係性なんて簡単に変えられるという意味で書いていく。

たとえば、あなたがまったく違う名前、プロフィールでフェイスブックのアカウントをつくり、今までのあなたとは違う発言をしていけば、あなたの周りには新しいあなたしか知らない人が集まるようになる。今まで暗かったけど、新しいあなたは明るいなら、周りにいる人は明るいあなたを期待する人たちが集まるわけで、現実も明るい人の人生になっていく。周りの人間との関係性を変えるというのは、周りの人間を変えることに近い。

そりゃそうだろ？　今さら違う人間を演じたって「何してんの？　頭おかしくなったんじゃないの？」みたいに言われるのがオチだ。

まあ、これは極端な例なわけだけど、情報発信によって人生を変えるってイメージはわかってもらえただろう。ある意味、佐村河内氏はこれと同じようなことをやったわけだ。同じような出来事でショーンK氏の経歴詐称事件もあったが、彼も同じで偽のプロフィールを信じた人が周りにいてそれが大衆まで広がったから活躍しただけのこと。2人は悪い例だけど、コンテンツ化している世界では起こりうることで同じような事件は今後も出てくるだろう。

情報発信の4つのステップ

情報発信で知っておきたいのは、どういうプロセスを経て人生レベルでの変化を起こすかということ。なぜなら、どのフェーズで何をすればいいかを理解していない人が多く、闇雲な発信を見ることが多いからだ。闇雲に発信しても人生は変わらないし、無駄なだけなのはわかるだろう。でも、大半の人の発信はそんなもんだ。

オレは情報発信には次の４つのフェーズがあると思っている。

フロントコンテンツ（情報発信）

↓

ポジション（キャラクター）

↓

ポジショントーク／アクト（コンテクスト）

↓

バックコンテンツ（マネタイズ）

それぞれ見ていく。

・フロントコンテンツ（情報発信）

ブログやＳＮＳなどによる日々の発信のこと。ここで書くのは日々の活動の中で気づいたことだ。と言っても、「何を書けばいいですか」という質問が来そうだが、オレがお勧めするのは、人、場所、モノ、情報について書いていくことだ。誰に会ったり、どこかに行ったり、何かを買ったり、何かを読んだり鑑賞したりしたらそのときに感じたことを書く。

ここで重要なのは何を書くかより、どこに行くか、何を買うか、どんな本を読んだか、どんな映画を観たかだ。ここでの情報発信は次のフェーズにつながるからだ。ここではどういうライフスタイルを送っている人なのかを世の中に知らしめると考える。オレだったら、サンフランシスコに住んでる、ロック好きな元編集者っていうのがわかるはずだ。

・ポジション（キャラクター）

前のフェーズでどんなキャラクターなのかはなんとなくわかってもらえるが、何をしている人なのかを明確にしていく必要が出てくる。なるべく「〜な方法」みたいなノウハウに落とし込むのがいい。これを明確をすることで、情報発信の目的が明確になっていく。

オレだったら「凡人のための人生戦略家」というポジションを固める発信をしてい

くことになる。凡人の人生戦略上知っておきたいことなんかを書いていく。この本の中に書いていることの大半はそういった発信の延長線上だったりする。たとえば、本書でも取り上げた「紹介される人の3つの特徴」も過去にどこかに書いたものだ。

ここで頭に置いておきたいのは、「敵をつくること」「ギブすること」の2つだ。敵といっても仮想敵だ。当たり前だが、情報発信をはじめた当初は誰にも見てもらえないことが多いわけだが、あえてすでに影響力のある考え方について批判していくことでその影響力を利用して自分の影響力を上げていくのだ。オレは基本、炎上商法はお勧めしないので、個人ではなく、考え方について批判していくのがいいと思っている。

次の「ギブすること」なわけだけど、無料の情報発信だからと出し惜しみする人がいたりする。「これは有料で伝えていることだから」みたいな理由でだ。ほんと、これってもったいない。むしろ有料でも売れるようなものを無料で提供するから意味があるのだ。

・ポジショントーク／アクト（コンテクスト）

前のフェーズでほとんど勝負は決まると言っていい。なぜなら、キャラクターが決まるからだ。そうなると、あとは勝手に発信できるようになっていく。キャラクターが勝手に発信していると言っていいかもしれない。それなりの影響力を持ちはじめると、フォロワーの期待との整合性をとるように脳が勝手に動き出すからだ。

オレたちは基本は周りの期待との整合性をとるための発言や行動をする。なぜなら、それをしないと周りから排除されてしまうからだ。だから、過去の人間関係に囲まれていると過去との整合性を無意識にとるようになる過去の延長線上の人生を送るようになっていく。

ここで注意が必要なのは、最初は自分でコントロールしていても、いつのまにかコントロールされていくということ。これがまさに環境の力でもあるわけだ。ここが理解できないとたまたまキャラクター設定がうまくいったとしても、その世界で成功したあとにコントロールできなくなってしまい失敗していく。芸能人なんかで長く活躍する人とそうでない人の差みたいなもんだろう。

・バックコンテンツ（マネタイズ）

ここまで来れば、もうあなたは立派な上位のギグワーカーの仲間入りだ。つまり、好きな時間、好きな場所で仕事ができるようになる。ノウハウを売ってもいいし。オレはオンラインで教材のようなものを売るのを勧めている。

注意したいのは、なるべく広告収益モデルにしないということ。マネタイズを広告収益に頼ると、結局、「世の中で検索されやすい」＝「今、話題になっているネタ」だったりを発信していかなきゃいけなくなる。そこには競合が多いし、あなたが誰であるかというのはどうでもよくなる。

少し前に流行ったのが、芸能ネタがニュースにあがると、それに関する寄せ集めのような記事をあげて広告収益を増やす方法だったり。そんなことやっても人生における選択肢が拡がらないのはわかるだろう。

テキストが最強

どうだろうか。情報発信に対するイメージは湧いただろうか。きっと、じゃあ、何で発信すればいいのって思うかもしれない。まあ、そういう質問を受けることも多いのも事実。とくに最近は「ユーチューブやりたいです」っていう声を聞くことも多い。

でも、オレはあえて言いたい。テキストコンテンツが最強だということ。

ユーチューブだったりインスタグラムだったりは外見で決まる要素が強い。とくに日本の場合は若さが高く評価される社会なので、オレみたいなおじさんには厳しい。でもさ、誰だって歳とるわけだから。そう考えると、テキストベースのコンテンツが最強なんじゃないかな。

それに、テキストベースでのコンテンツは、そこから動画にすることも可能だし、音声にすることも可能だ。そして何より、つくるのに環境にもっとも左右されないと言ってもいい。オレだってこの本の一部は飛行機で移動中にスマホで書いたりしているくらいだ。

さらにテキストベースの情報発信をすることで、頭が鍛えられるというのも大きなメリットだ。文章を書くという行為はとても頭を使う。実際、オレがなぜ本を書くかといえば、間違いなく頭が鍛えられると確信しているからだ。

オレ自身、いろんな人、いろんなことを知っていく中で、自分のことを頭悪いと感じることが多かった。せっかく、いろんなチャンスをもらっているのにそれを活かせてないなと。

ただ、学生時代に勉強しなかったことをいまさら後悔しても意味ないから、「文章を書く」というトレーニングをしているわけだ。極論、どこの出版社も出してくれなければ、自分で印刷して本にするくらいのつもりで書いている。

レポーターになれ！

とはいえ、何を発信したらいいか迷うだろう。そんな人には、レポーターになれと言っている。

オレも本を書くときはレポーターに徹するようにしているが、これって多くの人の情報発信のヒントになるはず。

とくにアメリカのビジネス書ってやたら引用が多い。学術論文の引用をもとに本を書いているってのは、アメリカのビジネス書だ。それって著者の主張があって、それを裏づける研究結果を載せてるか、その逆かだったりするわけだ。

そういうものを読んでいく中で、レポーター的なポジションでいいんじゃないかって気づいた。

だから、オレはオレが読んできたこと、観てきたことを集めたあとに、切り口を考え読みやすくまとめる役に徹しようと。

所詮、オレの考えたアイデアなんて、もっと賢い人が先に論じている場合が多い。でも、そういう本だったりって難しく書かれていたりするわけで、だったら読みやすくするだけでも世の中にギブしていることになる。

もちろん、より詳しく読みたい人のために出典は明確にする必要もあるし、オレの情報をきっかけに多くの情報に触れてもらいたいと思っている。だから、オレの本はやたら引用を多くしている。

意外と多くの人がものすごい価値のある情報を発信しないといけないんじゃないか、オリジナルな発信じゃなきゃいけないんじゃないか、と思って情報発信を躊躇していたりするんだけど、レポーターになると思えば気楽にできるんじゃないか。

マッシュアップ

レポーター感覚と同様にオレが情報発信の考え方として勧めているのがマッシュアップという手法だ。

これは音楽用語で「2つ以上の曲から片方はボーカルトラック、もう片方は伴奏トラックを取り出して、それらをもともとあった曲のようにミックスし重ねて1つにした音楽の手法」を言うんだけど、これってまさに編集スキルだと思うんだよね。この手法は音楽以外でも使える。

たとえば、あなたがあるジャンルで教材をつくろうとしているとする。そしたら、同じジャンルの教材のいくつかの良いとこ取りをするという感覚だ。もちろん、単なるパクリではダメなわけだけど、第7章のインプットのところでも書いたように組み合わせることによって新たな価値を生み出すことができる。

たとえば、Pomplamoose っていうアメリカの音楽ユニットが上手くて、ビー・ジーズの『Stayin' Alive』とジャミロクワイの『Virtual Insanity』のマッシュアップしたやつなんかはオレは好きなんだよね。ユーチューブに上がってるからぜひ聴いてみてくれ。

さらに、商品開発でも使える。売れている商品を何個かもってきて、それら商品の特徴を分解して、それぞれの商品から一つずつ特徴を取り出して組み合わせて商品をつくる、みたいに。これって、ある意味、良いとこどりでもあるから、高確率でヒットが狙えたりするんだよね。

どうして、オレがレポーターとかマッシュアップとかって話をしたかっていうと、多くの人に気楽に発信してほしいからなんだよね。

たしかにオレもいろいろ書いたけど、結局はやってみないとわからないから。今すぐ発信をはじめてほしい。

オリジナルなんてそもそもあってないようなもんだし、どんな偉大なバンドだって最初はコピーバンドなんだし。

先日もオレがロスアンゼルスにいたときライブをやっていたローリングストーンズ

（一番良い席のチケットは40万円！）だって、最初は全曲コピーだからね。そこからはじまって今はもっとも偉大なロックバンドなわけだから。

第８章のまとめ

親は１００パーセント間違っている！

情報発信は凡人にとっての最強の武器である！

テキストが最強だから文章力、読解力を鍛えろ！

レポーターに徹しろ！

マッシュアップで良いとこどり！

いかがだっただろうか。本書を読んで生き方に少し幅を持たせることができたなら嬉しい。本はあくまでもきっかけにすぎないと思っている。でも、一冊との出会いで人生は大きく変わることもある。

どのタイミングで本書に出会うかは人それぞれだから、変化する幅もそれぞれだろうし、それでいい。ただ、せっかく一冊読んだわけだから次の行動をしてほしい。

実はオレはさきほど3年間住んだサンフランシスコの拠点を引き払った。次はどこに行くか決めていないが、とりあえずは自宅のあるホノルルに拠点を移すつもりだ。その後は東南アジアかもしれないし、日本のどこかかもしれない。

『移動力』にも書いたとおり、移動距離が人生を決めると思っているからこれからもどんどん移動していくつもりだ。今後も「凡人のための人生戦略家」として活動していく中でオレ自身が行動しなくなれば、これだけ変化の激しい時代で伝えることはなくなってしまうだろう。オレは人より頭が良いわけでもないし、昔から読書家だったわけでもないから、行動することしかないと思っている。

行動することでインプットが変わる。それは何らかのコンテンツを観ることもだろうし、行ったことのない環境に身を置くこともだろうし、新しい人間関係をつくることもだ。

自分の人生を生きたいなら、インプットとアウトプットを自らの意思で高速回転させていくしかない。そしたら、いつの間にか違う景色が見える場所にいるだろう。そうすると、

「好きな場所で、好きなときに、好きな人と仕事をする」

という未来が手に入るだろう。それを手に入れるために「ギグワーク」という生き方がヒントになったはずだ。

ということで、最初の行動としてここにアクセスしてみてくれ。オレがいろんなコンテンツを提供している。

https://gig-nagakura.com/

最後に本書の出版にお世話になったすばる舎の上江洲安成さんに感謝したい。いつもオレのわがままを聞いていただき、本当にやりやすい環境をつくってもらっている。そして、オレと関わってくれたすべての人たちにもお礼を述べたい。オレのような人間と関わってくれる人たちがいるから、たくさんのコンテンツが生み出せるからだ。本当にありがとう！

２０１９年８月末日　サンフランシスコ国際空港ハーヴェイ・ミルク・ターミナル１にて

【著者紹介】

長倉 顕太（ながくら・けんた）

プロデューサー、作家、編集者としてあらゆるコンテンツの企画やプロモーションに携わるほか、インターナショナルスクール、人財育成会社を経営。学校などの講演活動も。

1973年東京生まれ。大学卒業後、28歳のときに出版社に拾われ、編集者としてトータル10年間で1000万部超えなど、ベストセラーを連発。

現在は独立し、ホノルル、東京、大阪、福岡を拠点とし、コンテンツのプロデュースおよび、これらを活用したマーケティングを個人や企業にコンサルティングのほか、教育事業（若者コミュニティ運営、インターナショナルスクール事業、人財育成会社経営）に携わる。

主な著書に『移動力』『頭が良くなり、結果も出る！ モテる読書術』（ともにすばる舎）、『親は100%間違っている』（光文社）、『超一流の二流をめざせ！』（サンマーク出版）など多数。

【オフィシャルサイト】
https://kentanagakura.com

装　　　丁：西垂水敦（krran）
本文デザイン：鈴木大輔 & 仲條世菜（ソウルデザイン）
D　T　P：白石知美 & 安田浩也（システムタンク）

GIG WORK（ギグワーク）

2019年10月25日　第1刷発行
2019年10月29日　第2刷発行

著　者――長倉顕太

発行者――徳留慶太郎

発行所――株式会社すばる舎

〒170-0013　東京都豊島区東池袋3-9-7 東池袋織本ビル
TEL　03-3981-8651（代表）　03-3981-0767（営業部）
振替　00140-7-116563
http://www.subarusya.jp/

印　刷――中央精版印刷株式会社

ISBN978-4-7991-0853-6